Vajra

der Blitz des Göttervaters
das Licht der Wahrheit

Bücher von Harry Eilenstein

Astrologie

- Astrologie (496 S.)
- Photo-Astrologie (428 S.)
- Horoskop und Seele (120 S.)

Magie

- Handbuch für Zauberlehrlinge (408 S.)
- Tarot (104 S.)
- Physik und Magie (184 S.)
- Die Magie-Formel (156 S.)
- Krafttiere – Tiergöttinnen – Tiertänze (112 S.)
- Schwitzhütten (524 S.)

Meditation

- Der Lebenskraftkörper (230 S.)
- Die Chakren (100 S.)
- Das Chakren-System mit den Nebenchakren (296 S.)
- Meditation (140 S.)
- Drachenfeuer (124 S.)
- Reinkarnation (156 S.)

Kabbala

- Kursus der praktischen Kabbala (150 S.)
- Eltern der Erde (450 S.)
- Blüten des Lebensbaumes:
    - Die Struktur des kabbalistischen Lebensbaumes (370 S.)
    - Der kabbalistische Lebensbaum als Forschungshilfsmittel (580 S.)
    - Der kabbalistische Lebensbaum als spirituelle Landkarte (520 S.)

Religion allgemein

- Muttergöttin und Schamanen (168 S.)
- Göbekli Tepe (472 S.)
- Totempfähle (440 S.)
- Christus (60 S.)
- Dakini (80 S.)

- Vajra (76 S.)

Ägypten

- Hathor und Re 1: Götter und Mythen im Alten Ägypten (432 S.)
- Hathor und Re 2: Die altägyptische Religion – Ursprünge, Kult und Magie (396 S.)
- Isis (508 S.)

Indogermanen

- Die Entwicklung der indogermanischen Religionen (700 S.)
- Wurzeln und Zweige der indogermanischen Religion (224 S.)

Germanen

- Die Götter der Germanen (Band 1 – 80)
- Odin (300 S.)

Kelten

- Cernunnos (690 S.)
- Der Kessel von Gundestrup (220 S.)
- Der Chiemsee-Kessel (76)

Psychologie

- Über die Freude (100 S.)
- Das Geheimnis des inneren Friedens (252 S.)
- Das Beziehungsmandala (52 S.)
- Gefühle und ihre Verwandlungen (440 S.)
- einsgerichtet (140 S.)
- Von innerer Fülle zu äußerem Gedeihen (52 S.)
- Die Symbolik der Krankheiten (76 S.)

Kunst

- Herz des Tanzes – Tanz des Herzens (160 S.)

Drama

- König Athelstan (104 S.)

Kontakt: www.HarryEilenstein.de / Harry.Eilenstein@web.de

Herstellung und Verlag: BoD-Books on Demand, Norderstedt **ISBN:** 9783752865882

Inhaltsverzeichnis

I Das Wort „Vajra"

Das Sanskrit-Wort „Vajra" bedeutete ursprünglich in etwa „Harter, Mächtiger", aber es wird in der Regel als „Donnerkeil" oder als „Diamant" übersetzt – wobei der Diamant das härteste Material und der Blitz eine der mächtigsten Erscheinungen in der Natur ist.

Die indogermanische Wurzel dieses Substantivs ist das Wort „weg" für „machtvoll sein/werden". In den finno-uralischen Sprachen gibt es das Wort „vasara" für „Hammer, Axt".

Im Borealischen, das die gemeinsame sprachliche Wurzel des Indogermanischen und des Finno-Uralischen ist, das in der späten Altsteinzeit in Eurasien gesprochen wurde, hat das Wort für „hart, mächtig, Hammer, Axt", also für ein aus ein Stein gefertigtes Schlagwerkzeug, in etwa „wag" gelautet.

Die tibetische Übersetzung „Dorje" für „Vajra" bedeutet „Diamant" – dies ist der Härteste und daher auch mächtigste aller Steine.

Der tibetische Buddhismus wird nach seinem zentralen Symbol auch als „Vajrayana", also als „Weg des Vajra" (genauer: „Vajra-Fahrzeug") bezeichnet. Dies ist der als drittes entstandene Teil des Buddhismus – der erste ist das Hinayana („kleiner Weg") und das zweite das Mahayana („großer Weg").

Sie entsprechen in etwa dem Judentum (Hinayana – Befolgen von Regeln), dem Christentum (Mahayana – dem Herzen folgen) und der Mystik (Vajrayana – kreative Methoden).

II Der Aufbau des Vajras

Der Vajra ist ursprünglich eine Keule gewesen. Der Kopf dieser Keule bestand entweder aus vier Rippen, die sich in an dem vorderen Ende des Keulenkopfes wieder trafen, oder aus vier Rippen, die sich vorne nicht trafen, sondern wie vier Speerspitzen geformt waren, sodaß man mit dieser Keule auch zustechen konnte.

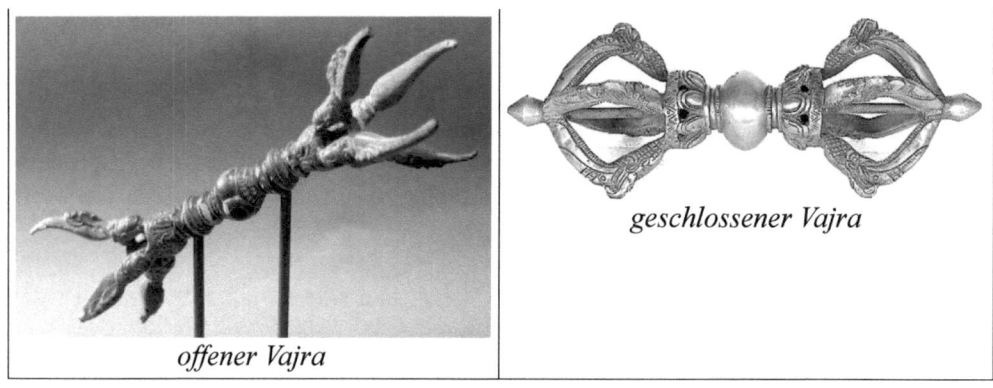

offener Vajra

geschlossener Vajra

Der spätere, symbolische Vajra besteht aus zwei Keulenköpfen und ist aus sieben Teilen symmetrisch aufgebaut:

> 1. eine Kugel in der Mitte,
> 2. zwei achtblättrige Lotusblüten an den sich gegenüberliegenden Polen dieser Kugel,
> 3. je ein Strahl, der aus der Mitte dieser beiden Lotosblüten entspringt, und
> 4. je vier Tiere, die vorne ein Landtier (Hirsch, Krokodil oder Elefant) und hinten ein Fisch sind, die von dem Rand der beiden Lotusblüten entspringen und ihre Zungen oder Rüssel ausstrecken, die sich weiter vorne an einer Stelle des Strahles treffen.

Die meisten Vajras haben vier aus Tieren bestehende „Rippen", aber es gibt auch Vajras mit zwei oder acht „Rippen".

Einige Vajras haben auch nicht zwei, sondern vier Lotusblüten und dann auch entsprechend mehr Tiere – sozusagen zwei gekreuzte Vajras.

Der Aufbau des Vajra

einfacher Vajra	*gekreuzter Vajra*
Vajra mit zwei Rippen	*gekreuzter Vajra mit zwei Rippen*
Vajra mit vier Rippen	*gekreuzter Vajra mit vier Rippen*
Vajra mit acht Rippen	*gekreuzter Vajra mit acht Rippen*

offener Vajra ohne Strahl	offener Vajra mit Strahl
offener Vajra mit zwei Rippen (diese Form existiert nicht)	 offener Vajra mit zwei Rippen und Strahl
gekreuzter offener Vajra mit zwei Rippen (diese Form existiert nicht)	 gekreuzter offener Vajra mit zwei Rippen und Strahl
 offener Vajra mit vier Rippen	 offener Vajra mit vier Rippen und Strahl
gekreuzter offener Vajra mit vier Rippen (diese Form existiert nicht)	gekreuzter offener Vajra mit vier Rippen und Strahl (diese Form existiert nicht)
offener Vajra mit acht Rippen (diese Form existiert nicht)	offener Vajra mit acht Rippen und Strahl (diese Form existiert nicht)
gekreuzter offener Vajra mit acht Rippen (diese Form existiert nicht)	gekreuzter offener Vajra mit acht Rippen und Strahl (diese Form existiert nicht)

Man kann diese Formen von der einfachen Form ausgehend in einem Stammbaum anordnen – in den späteren Betrachtungen zeigt sich, daß diese einfache Systematisierung auch historisch gesehen zutreffend ist.

Die zeitliche Entwicklung in dem Diagramm verläuft von oben nach unten.

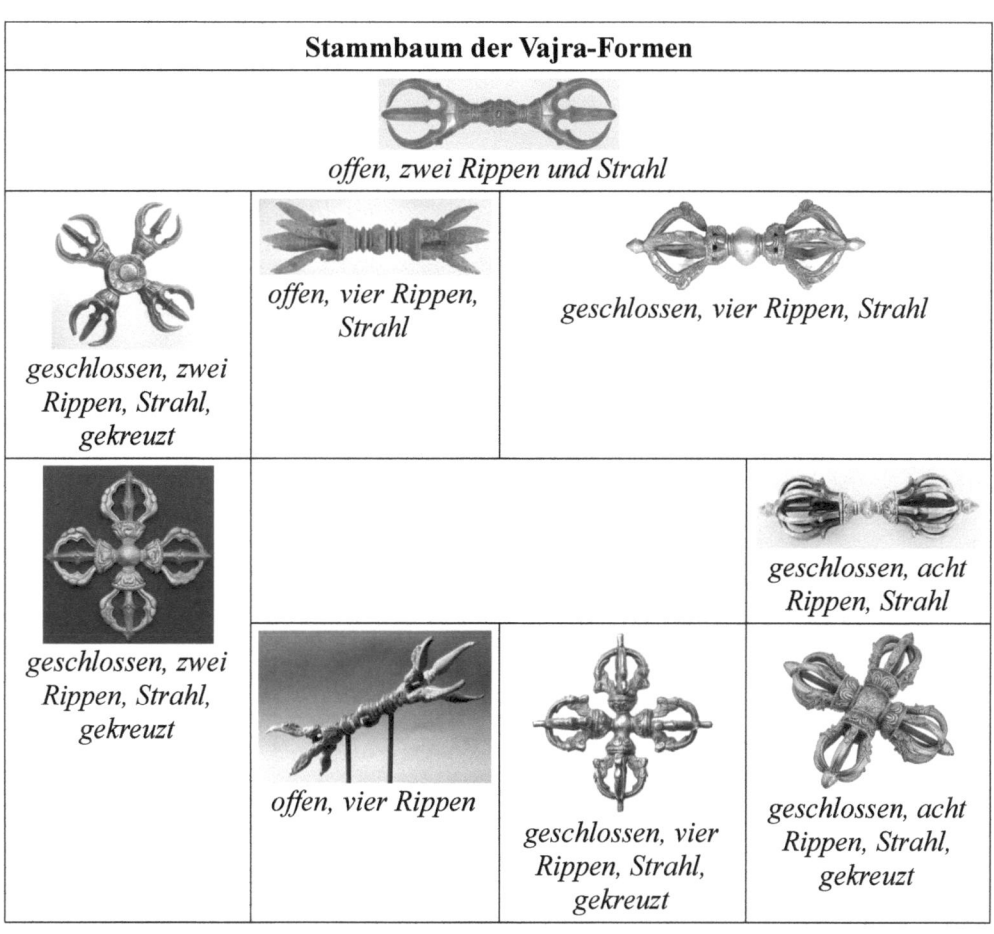

Stammbaum der Vajra-Formen		
offen, zwei Rippen und Strahl		
geschlossen, zwei Rippen, Strahl, gekreuzt	*offen, vier Rippen, Strahl*	*geschlossen, vier Rippen, Strahl*
geschlossen, zwei Rippen, Strahl, gekreuzt		*geschlossen, acht Rippen, Strahl*
	offen, vier Rippen	*geschlossen, vier Rippen, Strahl, gekreuzt* — *geschlossen, acht Rippen, Strahl, gekreuzt*

Die Ursprungsform ist der offene Vajra mit Strahl und zwei Rippen. Durch die Einbeziehung der Symbolik der „4" in den Vajra erhielt er entweder vier Rippen oder wurde gekreuzt – oder gleich beides. Die „Rippen" wurden z.T. auch verdoppelt, um die Symbolik der „8" miteinzubeziehen. Das Schließen der Enden des Vajras ist durch seine Verwendung als Keule inspiriert worden – er ist dann keine Stichwaffe mehr, sondern eine Schlagwaffe, die mit verbundenen Enden stabiler ist.

Der offene Vajra ohne Strahl ist eine ungewöhnliche Sonderform.

Ursprünglich sind die Vajras aus Meteor-Eisen hergestellt worden. In der Jungsteinzeit und möglicherweise auch schon in der Altsteinzeit nahm man an, daß die Meteoriten Stücke des Himmels waren, die abgebrochen und heruntergefallen sind. Da Meteoriten hauptsächlich aus Eisen bestehen, ist „Eisen" in den älteren Mythen geradezu ein Adjektiv mit der Bedeutung „zum Himmels-Jenseits gehörend". So wird z.B. in den Pyramidentexten gesagt, daß der Thron des Pharaos, sein Szepter usw. im Jenseits aus Eisen sind. Auch bei den Germanen hatte Eisen diese Bedeutung: So war z.B. „Eisen-Frau" eine Umschreibung für „Riesin", also „Jenseits-Frau", womit die Jenseitsgöttin gemeint ist.

Eisen ist in der Jungsteinzeit als das „himmlische Metall" angesehen worden. Das aus Meteor-Eisen hergestellte Vajra stammt daher symbolisch gesehen aus dem Himmel und somit auch aus dem Jenseits, aus der Welt der Ahnen und der Götter – der Vajra ist ein „himmlisches Symbol".

III   Die Symbolik des Vajras

Die Gesamtsymbolik des Vajras läßt sich erschließen, wenn man ihre einzelnen Elemente betrachtet und deren Bedeutung dann kombiniert. Dabei wird vor allem die Geschichte des Vajras deutlich.

Die Symbolik des Vajras im Buddhismus wird später in Kapitel „IV 3. e)" betrachtet.

III 1.   Die Kugel in der Mitte

Die Kugel ist das Zentrum des Vajras. Da die beiden Lotusblüten aus ihr entsprießen und die vier Tiere wiederum aus den Lotusblüten, ist die Kugel offensichtlich auch der Ursprung der übrigen Teile des Vajras.

Eine Kugel als Zentrum eines System ist mit großer Wahrscheinlichkeit auch ein Sonnensymbol, was vermuten läßt, daß das Vajra einst zu dem Sonnengott gehört haben könnte.

Im Buddhismus wird diese Kugel als Shunyata gedeutet, womit die Einheit der Welt gemeint ist, die in anderen Religionen in personifizierter Form „Gott" genannt wird.

III 2.   Der Lotus

Aus der Kugel in der Mitte sprießen zwei Lotusblüten in entgegengesetzte Richtung. Da dies kein Abbild eines natürlichen Vorganges sein kann, müssen diese beiden so arrangierten Lotusblüten eine spezielle Symbolik haben.

III 2. a)   Die Symbolik des Lotus

Das besondere an der Lotusblume ist, daß sie im Wasser wächst und eine große, strahlende Blüte entfaltet.

In allen alten Religionen ist die Unterwelt eine Wasserunterwelt: Das Wasser der Quellen kommt aus der Erde und auch die Wolken steigen (scheinbar) am Horizont aus der Erde empor. Der Lotus kehrt folglich aus der Wasserunterwelt in das Diesseits zurück.

Durch diese Symbolik ist das Aufsteigen des Lotus aus dem Wasser der Teiche, Seen und Flüsse zu einem Gleichnis für die am Morgen wiederkehrende Sonne geworden. Diese Wiederkehr wurde allgemein als eine Wiedergeburt aufgefaßt.

Diese Symbolik findet sich nicht nur bei den Indern, sondern auch bei den Ägyptern, bei denen der am Morgen wiedergeborene Sonnengott Nefertem auf einer Lotusblüte sitzt. Der Name „Nefertem" bedeutet „Schöner Atum" im Sinne von „heiler, wiedergeborener Atum". Atum ist der Urriese, der Urgott der Ägypter, der bei den Juden „Adam" hieß, bei den Persern „Yima", bei den Indern „Yama", bei den Germanen „Ymir" und bei den Römern „Homo". Der Urriesen-Gott Atum wurde bei den Ägyptern mit dem Sonnengott Re verbunden und dann „Atum-Re" genannt – sowohl die Erde selber (der Urriese Atum) als auch die Sonne (Re) steigen in den Mythen aus den Urwassern auf.

Bei den Mayas gibt es eine ähnliche Symbolik: Auf dem Balché-Trank, der zu dem Jenseitsreise-Ritual gehörte, schwamm eine Seerose.

III 2. b) Die Polarität der beiden Lotusblüten

Die Zweizahl der beiden Lotusblüten und ihre entgegengesetzte Position an der zentralen Kugel erinnern an die vielen Urgegensätze in den verschiedenen Religionen und Philosophien: generell an Diesseits und Jenseits, Leben und Tod, Körper und Seele, Bewußtsein und Geist, sowie spezieller an Yin und Yang bei den Chinesen, Nifelheim (Wasser/Eis) und Muspelheim (Feuer) bei den Germanen, Wasser und Erde in der Bibel, Bewußtsein und Materie bei den Buddhisten, und an Himmel und Erde bzw. Himmelsgöttin und Erdgott in vielen Mythologien wie z.B. bei den Ägyptern.

Eine etwas andere Symbolik wäre die Auffassung der zentralen Kugel als das Herzchakra und die beiden Strahlen als die drei oberen und als die drei unteren Chakren.

Bei dieser Deutung würde der obere Teil des Vajras auch das Bindhu (Licht) und der unterste Teil des Vajras das Tummo (Feuer) darstellen.

Das Bindhu ist das weiße Licht, das in vielen Meditationen von oben herab gerufen wird – dieser Vorgang wird in den Upanishaden „die Himmelskuh melken" genannt. Die Himmelskuh ist in sehr vielen Religionen die Himmelsgöttin in der Gestalt einer Kuh – von der Urkuh Audhumbla der Germanen über die Göttin Hathor der Ägypter, die Göttin Inanna der Sumerer und die die „heilige Kuh" der Inder bis zu der weißen Büffelfrau („Pte-san-win") der Dakota-Indianer. Schon in der späten Altsteinzeit gab es Darstellungen von Frau-Kuh-Mischwesen und noch heute ist in der Psychologie die Kuh das Symbol der Mutter.

Aus all dem kann man schließen, daß das Bindhu, das von oben in den

Meditierenden herabfließt, u.a. das Urvertrauen und die Grundgeborgenheit in der Welt als Eigenschaft hat.

Das Tummo ist das rote Licht, das von unten her aus dem glühenden Kern der Erde in den Meditierenden aufsteigt. Dieses rote Feuer-Licht wird meistens „Kundalini-Feuer" genannt und ist eines der wichtigsten Elemente in der Meditation.

Aus diesen Betrachtungen ergibt sich, daß die beiden polar angeordneten Lotusblüten recht sicher zum einen den Urgegensatz in der Welt, aus dessen Dynamik die gesamte Schöpfung entstanden ist, darstellen, und zum anderen aber auch den Weg zur Rückkehr aus der Vielfalt („Samsara") über den Urgegensatz zur Einheit („Nirvana"), aus der heraus der Urgegensatz entstanden ist.

Die zentrale Kugel des Vajras mit den beiden Lotusblüten ist somit das Zentrum einer „mythologischen Landkarte": das Tao, aus dem heraus Yin und Yang entstehen und in die sie wieder zurückkehren können.

Bei den Chinesen ist in früheren Zeiten der Urriese Pan Gu als der Ursprung der Welt angesehen worden, bevor dieses mythologische Bild zu dem philosophisch-spirituellen Konzept des Tao, das sich in Yin und Yang aufspaltet, umgewandelt worden ist.

Dieser Urriese gehört zu den ältesten Motiven der Religion und stammt aus der späten Altsteinzeit.

III 2. c)   Die acht Blütenblätter des Lotus

Bis in die mittlere Jungsteinzeit hinein haben die Menschen ein binäres Zahlensystem benutzt, das alle Mengen als Additionen der Zahlen „1", „2", „4" und „8" dargestellt hat. Eine „9" ist daher eine „8+1" gewesen und „13" eine „8+4+1". Dieses sehr einfache Zählsystem hat für die Zahlen, für die man in der Altsteinzeit und in der frühen Jungsteinzeit präzise Bezeichnungen gebraucht hat, vollkommen ausgereicht. Erst in der späten Jungsteinzeit und vor allem im Königtum mit seiner Zentralverwaltung wurden deutlich größere präzise Zahlen gebraucht, sodaß man neue Zahlensysteme entwickeln mußte.

Die vier Grundzahlen der „altsteinzeitlichen Mathematik" sowie zusätzlich noch die „3" haben im Laufe der Zeit eine bestimmte, einfache Symbolik entwickelt, die in vielen religiösen Systemen, in Orakeln, in der Architektur u.ä. bewahrt geblieben ist.

Die Symbolik dieser fünf Zahlen ist:

1 = Ursprung, Quelle, Urriese, Muttergöttin

2 = Urgegensatz

3 = Zyklus (insbesondere der Zyklus der Sonne)

4 = Himmelsrichtungen und daher indirekt auch die Sonne (man konnte damals die Himmelsrichtungen nur anhand des Sonnenstandes erkennen)

8 = die größte Zahl und sekundär daher auch die vollständige und vollkommene Zahl

Die „8" findet sich in vielen Sonnen-Darstellungen, in den Achtheiten von ägyptischen Göttern (die polar als 4·2 Götter und Göttinnen aufgebaut waren), als die 8·8=64 Trigramme des I Ging, davon abgeleitet das Spielbrett von 8·8 Feldern (Schach, Dame), verdoppelt als die 16·16 Felder des westafrikanischen Ifa-Orakels usw.

Die ersten drei dieser Zahlen finden sich in den älteren Sprachen als die drei grammatischen Zahlformen Singular, Dual und Plural, wobei der Singular alles Einzelne bezeichnet, der Dual alle Paare wie Augen, Arme, Eltern u.ä., und der Plural alles, was zu dritt oder in noch größeren Mengen auftritt.

Die acht Blütenblätter der beiden Lotusblüten stellen somit ihre Vollkommenheit dar: Die ursprüngliche Einheit der Kugel hat sich in den beiden Lotusblüten in vollkommener Weise entfaltet.

In alten Darstellungen hat auch noch das Herzchakra, das das Zentrum des Chakrensystems ist, acht Blütenblätter – es ist das Sonnen-Chakra, das vollkommene Chakra, in dem die Seele des Menschen wohnt.

Als dann zunächst das Duodezimalsystem, das auf der „12" beruht, das alte binäre Zahlensystem abgelöst hat, trat die „12" an die Stelle der „8" und das Herzchakra erhielt logischerweise zwölf Lotusblüten.

Noch später hat sich dann das heute übliche Dezimalsystem durchgesetzt. Da zu dieser Zeit das mythologische Weltbild jedoch schon in den Hintergrund getreten war, wurde keine neue Symbolik des Herzchakras mit zehn Blütenblättern eingeführt. Der einzige Fall, in dem die „10" wahrscheinlich die „8" ersetzt hat, ist das Aufteilen der ursprünglich vermutlich nur acht Gebote in zehn Gebote, indem man das erste und das letzte Gebot in je zwei Gebote (jetzt 1+2 sowie 9+10) zerlegt hat.

(Eine ausführliche Darstellung der Zahlensymbolik findet sich in meinem Buch „Die Symbolik der Zahlen".)

14

III 3.   Der beiden Strahlen

Aus der Mitte der beiden Lotusblüten entspringt je ein Strahl, der sich gerade von der zentralen Kugel aus fortbewegt und über den gesamten übrigen Vajra hinausragt. Hier wird anscheinend die Expansion der Kugel, deren erste Stufe die beiden Lotusblüten sind, dargestellt.

III 4.   Die Tiere

Aus den beiden Lotusblüten entspringt in der Mitte je ein Strahl und um ihn herum am Rand der Lotusblüte in regelmäßigem Abstand noch zwei, vier oder acht Tiere.

Diese Tiere sind entweder Hirsche mit dem Hinterkörper eines Fisches, Krokodile mit dem Hinterkörper eines Fisches, oder Elefanten, die nur manchmal einen Fisch-Hinterleib haben. In späteren Darstellungen ist aus dem Fisch-Hinterleib manchmal auch ein Pfauenschwanz oder ein pflanzliches Ornament geworden.

Diese Tiere, insbesondere die Fisch-Mischwesen werden „Makara" genannt. Dieses Sanskrit-Wort bedeutet „Meeres-Ungeheuer".

III 4. a)   Der Hirsch-Fisch

Das Mischwesen aus einem Herdentier und einem Fisch ist ein Motiv aus den mythologischen Weltbildern der späteren Jungsteinzeit.

Das Herdentier stammt aus der Vorstellung, daß der Tote sich im Jenseits mit der Jenseitsgöttin wiederzeugen muß, bevor er von ihr wiedergeboren und anschließend von ihr wieder wiedergestillt wurde. Um seine Zeugungskraft bei dieser Wiederzeugung im Jenseits magisch abzusichern, wurde für ihn bei seinem Tod ein Herdentier geopfert und seine Kraft auf den Toten übertragen – Herdentiere mußten sowohl sehr fruchtbar als auch zeugungskräftig sein, da sie sonst keine Herden würden bilden können.

Bei der Wiederzeugung nehmen der Tote und die Jenseitsgöttin daher die Gestalt eines Stieres und einer Kuh, eines Hengstes und einer Stute, eines Hirsches und einer Hindin, eines Ziegenbocks und einer Ziege, eines Widders und eines Schafes usw. an. Daraus ist dann die Vorstellung der Toten als Herdentier-Mensch-Mischwesen entstanden: der Stier-Mann Minotaurus der Griechen, der Hengst-Mann (Zentaur) der

Griechen, der Hirsch-Mann Cernunnos der Kelten, der Ziegen-Mann Pan (Faun) der Griechen usw.

Die Frauen brauchten im Jenseits offenbar keine Wiederzeugung …

Der Fisch ist als Wassertier ein Hinweis auf die Wasserunterwelt.

Ein Hirsch-Fisch, ein Hengst-Fisch („Hippokamp"), ein Steinbock-Fisch („Ea" = das Tierkreiszeichen Steinbock) und alle ähnlichen Mischwesen sind daher ein Toter bei seiner Wiederzeugung in der Wasserunterwelt.

Dieselbe Symbolik findet sich nicht nur bei den (männlichen) Toten, sondern auch bei dem Sonnengott. Auch er wird in der Wasserunterwelt bei seiner Wiederzeugung zu einem Herdentier. Ein Beispiel aus den griechischen Mythen ist die Vereinigung des Meeresgottes Poseidon (Zeus in der Wasserunterwelt) mit der Jenseitsgöttin Demeter, die bei dieser Gelegenheit die Gestalt eines Hengstes und einer Stute angenommen haben.

Da die zentrale Kugel einst die Sonne dargestellt haben könnte und der Lotus auch in den Mythen des Sonnengottes ein Symbol der Wiedergeburt gewesen ist, könnte der Hirsch-Fisch einst der Sonnengott bei seiner Wiederzeugung in der Wasserunterwelt gewesen sein.

III 4. b)   Der Krokodil-Fisch

Das Krokodil ist in manchen Mythologien ein Symbol für die Sonne in der Wasserunterwelt. Der bekannteste dieser Krokodil-Sonnengötter ist vermutlich der ägyptische Krokodilgott Sobek.

Allgemeiner stellte das Krokodil die Toten in der Wasserunterwelt dar – üblicher war jedoch die Auffassung der Toten in den Jenseitswassern als Fische.

Der Krokodil-Fisch ist eigentlich eine Doppel-Definition dieses Mischwesens als Wesen aus der Wasserunterwelt.

Der Krokodil-Fisch-Makara ist das Vahana (Reittier) des Gottes Vishnu, der Flußgöttin Ganga, der Flußgöttin Narmada und des Meeresgottes Varuna, der ursprünglich einmal der Himmelsgott gewesen ist. Der Name „Varuna" entspricht dem des griechischen Himmelsgottes Uranos. Da der Himmelsgott in der Jungsteinzeit recht wahrscheinlich auch der Sonnengott und der Göttervater gewesen ist, spricht Vishnus Makara-Reittier für eine Herkunft der Makaras und somit auch des Vajras aus der Symbolik diese Gottes – bei den Indogermanen hieß dieser Gott „Dhyaus".

Die Makaras bewachen Tore und Schwellen, Thronsäle und Tempeleingänge. Dies

16

läßt sich am einfachsten dadurch erklären, daß die Makaras ursprünglich mit dem Übergang zwischen Diesseits und Jenseits zu tun gehabt haben – eben mit der Reise der Toten und des Sonnengottes in die Wasserunterwelt.

In den Tempeln auf Java ist oft über der Mitte der Eingänge ein Kopf zu sehen, neben dem sich links und rechts je ein Makara befindet. Dieser Kopf könnte auf den wiedergeborenen Sonnengott zurückgehen. Die Begleitung des Sonnengottes von zwei Wesen, die mit der Jenseitsreise zu tun haben, ist sehr weit verbreitet: die beiden Panther vor dem Eingang der Tempel von Göbekli Tepe in der frühen Jungsteinzeit um 10.000 v.Chr., die beiden Löwen neben dem Horizont-Tor der Sonne bei den Ägyptern, die Weiterentwicklung dieser beiden Tiere zu den Löwen vor dem Wagen der kleinasiatischen Göttinnen und vor dem Wagen der germanischen Muttergöttin Freya (zwei Katzen), die beiden Löwen vor dem Eingang der chinesischen Tempel usw. Die Makara-Symbolik ist offenbar schon sehr alt und sehr weit verbreitet.

Einige Hindu-Götter tragen Ohrringe in der Gestalt von Makaras. Zu ihren gehören Shiva, Vishnu, der Sonnengott Surya und die Muttergöttin Chandi. Von ihnen ist vor allem Surya interessant, da sich aus den bisherigen Betrachtungen ergibt, daß der Vajra aus der Symbolik des Sonnengottes stammen könnte.

Auch die Wohlstandsgöttin Lakshmi wird in Begleitung eines sie beschützenden Makara dargestellt. Sie ist die Frau des Vishnu, der auf einem Krokodil-Fisch-Makara reistet und manchmal Makara-Ohrringe trägt. Wenn Vishnu in der „Nacht" zwischen der Existenz („Tag") zweier Welten zusammen mit Lakshmi in der Wasserunterwelt ruht, sitzt er auf einer Riesenschlange, die symbolisch dem Makara eng verwandt ist.

Der Makara ist das Symbol des Liebesgottes Kamadeva, was ein Hinweis auf die Wiederzeugung sein könnte.

In früherer Zeit gab es in Indien auch eine Krokodil-Mensch-Mischform (wie in Ägypten der Gott Sobek), die deutlich zeigt, daß der Makara ursprünglich ein toter Mensch oder ein toter Gott (Sonnengott in der Nacht) in der Wasserunterwelt gewesen ist.

Das zehnte Tierkreiszeichen, also der Steinbock, wird in Indien „Makara-Ketu" genannt, also das „Makara-Zeichen". Das Hirsch-Fisch-Mischwesen Makara entspricht dem Steinbock-Fisch-Mischwesen Enki der Sumerer und dem Ea der Babylonier – Enki-Ea ist der Himmels- und Wassergott gewesen.

Die indische Makara-Version des Antilopen-Fisch-Mischwesens ist sehr nah mit dem Ziegenbock-Fisch der Sumerer und Babylonier verwandt, aus dem das Tierkreiszeichen „Steinbock" entstanden ist. Das Symbol dieses Zeichens besteht aus dem Leib des Steinbocks (der Bogen rechts oben), seinen Hörnern (die Linie links oben) und dem geringelten Schwanz seines Fischunterleibes (Kringel unten): „♑".

Die Makaras sind das am häufigsten dargestellte Wesen in den Tempeln der

Hinduisten und Buddhisten.

Sie erscheinen auch als Wasserspeier an gefaßten Quellen und an den Ecken von Tempeldächern – hier werden sie wohl nur allgemein und sehr unspezifisch mit dem Wasser assoziiert worden sein.

In den meisten Tempeln wird der Makara als Elefant mit dem Hinterleib eines Fisches oder eines Seehundes dargestellt.

Es gibt auch die Mischform aus Krokodil-Kopf, Elefanten-Vorderleib und Fisch-Hinterleib.

In Tibet vermischte sich der Makara mit dem Drachen, der hauptsächlich aus dem Leib einer Schlange, dem Kopf und den Pranken eines Tigers, der Mähne eines Pferdes und den Barteln eines Wels besteht. Aus dem Makara und dem Drachen entstand so ein Mischwesen mit dem Leib einer Schlange, dem Kopf und den Pranken eines Löwen, dem Maul eines Krokodils, einer Pferdemähne, den Kiemen und Barteln eines Fisches, dem Geweih eines Hirsches und einem Schwanz aus Federn oder Pflanzenranken.

In Tibet werden die Griffe vieler Ritualgegenstände als Makara dargestellt, sodaß diese Gegenstände aus dem Maul des Makara hervorzukommen scheinen. Zu diesen Makara-Ritualgegenständen zählen die Axt, der Eisenhaken, das gebogene Messer, der Vajra und die Drachenstatuette.

Heute werden einer Braut bei der Hochzeit Makara-Armreifen geschenkt. Sie sollen die Liebe und das erotische Verlangen verstärken.

Der Krokodil-Fisch-Makara scheint ursprünglich die Gestalt des Sonnengottes in der Wasserunterwelt gewesen zu sein.

III 4. c) Der Elefant

Der Elefant-Fisch-Makara stellt sehr wahrscheinlich einfach die Stärke des Makara dar. Da der Elefant das Reittier des Indra ist, darf man eine enge Beziehung des Elefant-Fisch-Makara zu Indra vermuten. Möglicherweise stammt dieses Motiv daher aus der Zeit, in der Indra auch der Besitzer des Vajra gewesen ist – dann hätte der Elefanten-Reiter auch den Elefanten-Vajra besessen, was eine gute Illustration des Indra als des stärksten aller Götter gewesen wäre.

Der Makara ist hingegen das Reittier des Varuna, also des früheren Himmelsgottes, der noch aus einer älteren Entwicklungsstufe der indische Religion stammt als Indra. In späterer Zeit findet sich das Krokodil-Makara als Reittier des Vishnu.

III 4. d)   Die Darstellung der Makaras

Auf etwa der Hälfte der Vajras sind heute Elefantenköpfe zu sehen – die andere Hälfte der Makaras ist zu Ornamenten geworden, die ihren Tier-Ursprung nur noch ahnen lassen. Hirsch-Fische und Krokodil-Fische sind sehr selten.

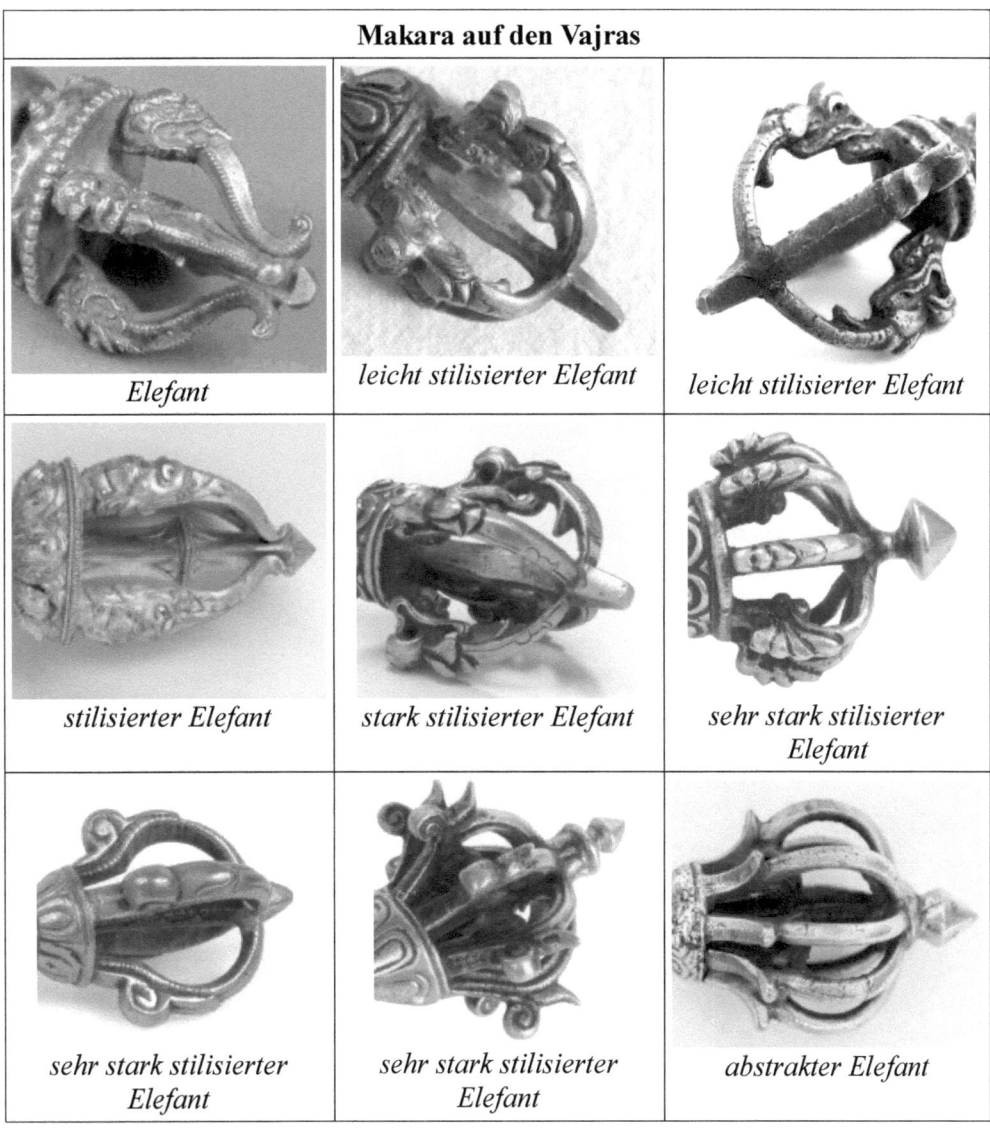

Makara auf den Vajras		
Elefant	leicht stilisierter Elefant	leicht stilisierter Elefant
stilisierter Elefant	stark stilisierter Elefant	sehr stark stilisierter Elefant
sehr stark stilisierter Elefant	sehr stark stilisierter Elefant	abstrakter Elefant

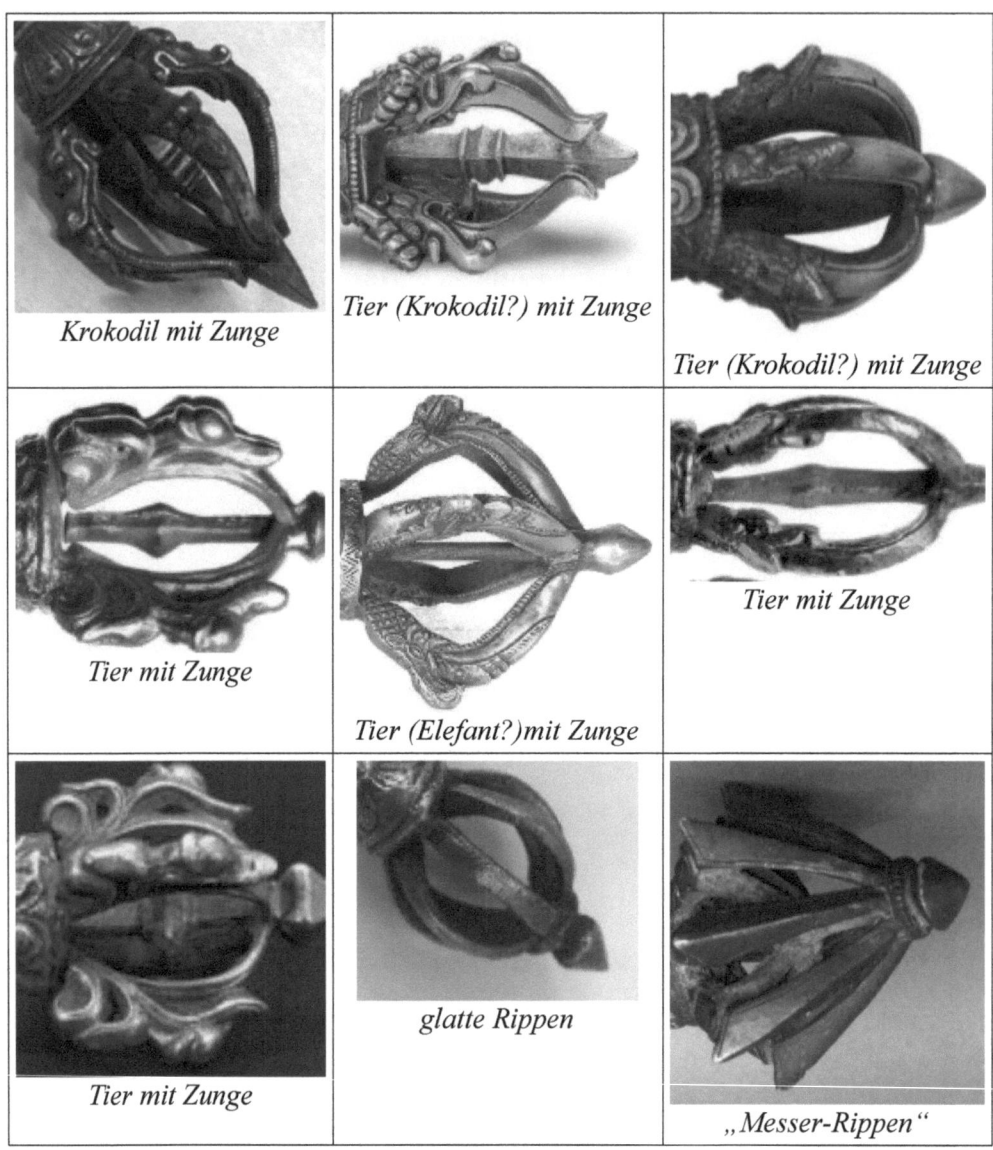

Krokodil mit Zunge

Tier (Krokodil?) mit Zunge

Tier (Krokodil?) mit Zunge

Tier mit Zunge

Tier (Elefant?) mit Zunge

Tier mit Zunge

Tier mit Zunge

glatte Rippen

„Messer-Rippen"

Vajra/Makara-Gegenstände aus Tibet

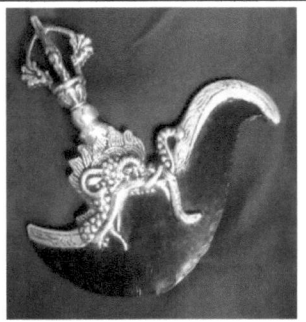

*Vajra-Makara-Messer
(Drache)*

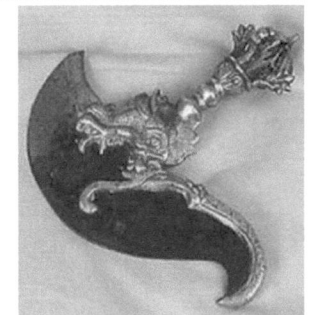

*Vajra-Makara-Messer
(Drache)*

*Vajra-Makara-Messer
(Drache)*

*Vajra-Makara-Messer
(Elefant)*

*Vajra-Makara-Messer
(Elefant)*

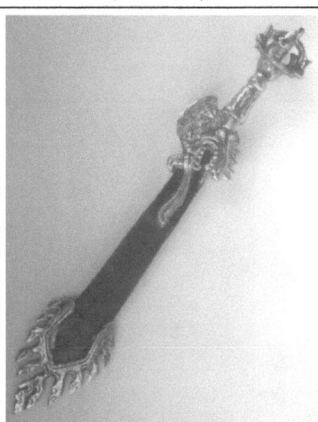

*flammendes Vajra-
Makara-Schwert des
Buddha Manjushri
(Drache)*

*Vajra-Makara-Phurba
(Drache?)*

*Vajra-Makara-Phurba
(Drache?)*

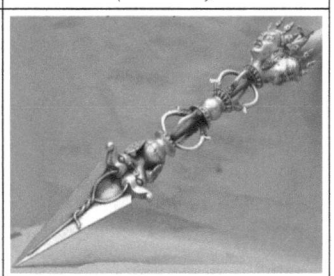

*Vajra-Makara-Phurba
(Elefanten)*

Vajra-Makara-Phurba
(Elefanten)

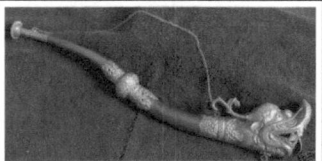

Makara-Trompete
(Drache)

Makara-Blitz
(Drache)

Vajra und Vajra-Glocke

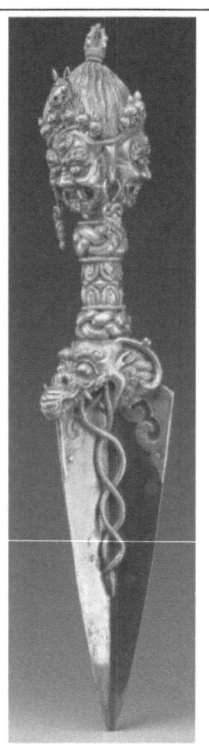

Makara-Phurba
(Drache)

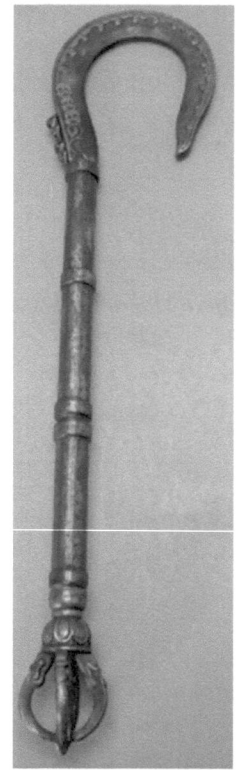

Vajra-Hakenstab

Vajra-Makara-Hakenstab
(Drache)

Makara-Wasserspeier an der Ecke eines Daches (Drache)

Makara (Elefant und Pfauenschwanz)

Makara (Elefant und Pfauenschwanz)

Makara-Gegenstände aus Indien

Makara-Armeif (zwei Vögel oder Drachen mit Kugel)

Makara-Armeif (zwei Vögel oder Drachen mit Kugel)

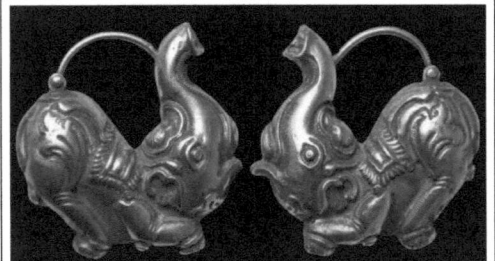

Makara-Ohrringe (Elefanten)

Statuette (Vishnu auf Krokodil/Makara)

Das Motiv der „zwei Vögel oder Drachen mit Kugel" erinnert an die Drachen-Darstellungen in China, bei denen der Drache oft einer Wunschperle folgt. Diese Perle ist das Dritte Auge, in dem der bewußte Wille ruht, und der Drache ist die Kundalini, d.h. die Lebenskraft. Man kann die Kugel auch als Sonne und den Drachen als die Lebenskraft deuten. Diese Kugel würde dann auch dem von zwei Makaras umgebenen Kopf über den Tempeltoren in Java entsprechen – der Sonnengott und sein verdoppeltes Reittier. Letztlich gehen diese zweifachen Makaras auf den Armreifen, auf den Ohrringen, über den Tempeltoren usw. auf die beiden Panther-Statuetten neben dem Eingang der Tempel von Göbekli Tepe in der frühen Jungsteinzeit zurück: Sie sind die Kraft, die sich die damaligen Jäger wünschten.

Diese beiden Tiere haben ihren Charakter als Lebenskraft-Symbol bis in die indische und buddhistische Religion hinein beibehalten – nur der weltanschaulich-religiöse Rahmen hat sich verändert.

III 5.   Die Anzahl der Tiere

Die Makaras auf dem Vajra erscheinen in unterschiedlicher Zahl: als zwei, vier oder acht Tiere. Dabei ist die Zweizahl sehr selten und die Vierzahl am häufigsten.

III 5. a)   Zwei Tiere

Die Zweizahl sieht zunächst einmal wie eine Wiederholung der Polarität aus, die sich auch schon bei den beiden Lotusblüten findet. Falls diese Vajra-Version sich auf das Chakrensystem beziehen sollte, würden sich diese jeweils zwei Makaras an den beiden Enden des Vajras recht sicher auf die beiden Lebenskraft-Kanäle Ida und Pingala beziehen. Der Strahl in ihrer Mitte wäre dann die Sushumna, der mittlere Lebenskraft-Kanal.

Ida und Pingala enthalten die innere Polarität eines Menschen: das innere heile Frauenbild und das innere heile Männerbild. Mit dem einen dieser beiden Bilder identifiziert sich der Betreffende, während das andere Bild sein „Suchbild" wird. In der Sushumna befindet sich das (geschlechtslose) Bild der Seele dieses Menschen. Ida und Pingala sind zwei Spiegelbilder der Sushumna. Die Auflösung ihrer Polarität und das Leiten der Lebenskraft in ihnen in die zentrale Sushumna ist eines der Hauptthemen des Yoga – durch diese Verwandlung findet man zur eigenen Identität und das erotische Verlagen kommt zur Ruhe.

Wie die folgenden Betrachtungen noch zeigen werden, ist der „Ast mit drei Zweigen", hier also der Mittelstrahl mit den beiden Makaras, ursprünglich ein Symbol des Blitzes gewesen, das dann auf verschiedene Weisen umgedeutet worden ist.

III 5. b)   Vier Tiere

Die vier Tiere symbolisieren sehr wahrscheinlich die vier Himmelsrichtungen. Da man in früherer Zeit die Himmelsrichtungen nur anhand des Sonnenstandes erkennen konnte, ist die Zahl „4" auch eng mit dem Sonnengott assoziiert worden.

Im Buddhismus sind der zentrale Strahl des Vajras und die vier Tiere um ihn herum mit den fünf Dhyani-Buddhas verknüpft worden.

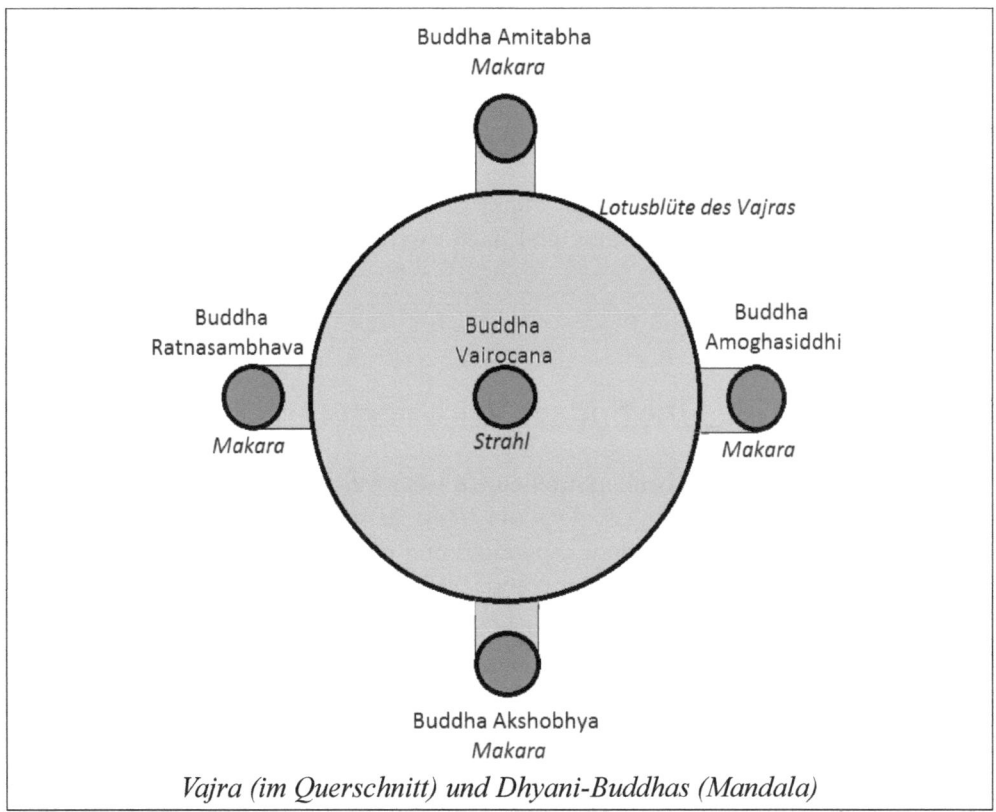

Vajra (im Querschnitt) und Dhyani-Buddhas (Mandala)

III 5. c) Acht Tiere

Die Achtzahl der Makaras, die die „Rippen" des Vajras bilden, werden sich ursprünglich auf die Zahl „8" als Symbol der Vollständigkeit und der Vollkommenheit bezogen haben. Auch der „achtfache Pfad zur Erleuchtung" des Buddhismus ist ursprünglich durch die Zahl „8" als „vollkommen" gekennzeichnet worden.

Im Buddhismus werden diese acht Makaras jedoch nicht als der achtfache Pfad, sondern als die vier äußeren Dhyani-Buddhas mit ihren Gefährtinnen aufgefaßt – in der Mitte sitzt Buddha Vairocana wie in den tantrischen Mandalas mit seiner Gefährtin vereint.

III 6. Die Zungen und die Rüssel

Die Hirsch-Fisch-Makaras und die Krokodil-Fisch-Makaras strecken ihre Zunge aus, während die Elefant-Fisch-Makaras ihren Rüssel ausstrecken. Diese vier Zungen bzw. Rüssel treffen an derselben Stelle, aber auf den vier verschiedenen Seiten auf den Strahl in der Mitte.

Offenbar wird hier etwas „auf den Punkt gebracht" – vermutlich das Erleben des Hier und Jetzt, das im Buddhismus und auch in jeder anderen Meditationsrichtung eine große Rolle spielt.

III 7. Die Spitzen der beiden Strahlen

Es ist interessant, daß die beiden Strahlen ein stückweit über den Treffpunkt der vier Zungen bzw. Rüssel hinausragen. Das als Vajra dargestellte System ist also nicht statisch und in sich isoliert, sondern expandiert und ist mit etwas im Außen verknüpft.

Diese Deutung würde zu der Deutung des Treffpunktes der vier Zungen bzw. Rüssel mit dem Strahl als das „Erleben im Hier und Jetzt" passen, da dieses Erleben ja eine Welt im Außen voraussetzt.

III 8. Der gekreuzte Vajra

Der gekreuzte Vajra, bei dem vier Lotusblüten aus der zentralen Kugel sprießen, ist wie die Erweiterung des „Vajras mit Strahl und zwei Rippen" zu einem „Vajra mit Strahl und vier Rippen" eine Darstellung der vier Himmelsrichtungen und somit ein Hinweis auf den Sonnengott, mit dem das Vajra offenbar ursprünglich einmal assoziiert worden ist.

III 9.   Die Gesamtsymbolik

Der Vajra stellt eine spirituelle Landkarte dar: Die ursprüngliche Einheit (Kugel) teilt sich in zwei Gegensätze (Lotusblüten) auf, die sich weiter als meistens vier Makaras entfalten, deren Zungen bzw. Rüssel sich dann wieder treffen. In der Mitte der beiden Makara-Gruppen erstreckt sich ein Strahl von dem Lotus nach außen hin, der noch über den Treffpunkt der Zungen bzw. Rüssel hinausreicht.

Diese Landkarte kann auf mindestens drei Weisen aufgefaßt werden:

als die Schöpfung, die aus der anfänglichen Einheit (Kugel) heraus einen Urgegensatz (Lotus) bildet, der immer weiter expandiert (Strahl, Makaras);

als das Herzchakra (Kugel), aus dem nach oben hin und nach unten je drei Chakren entstehen (Lotus, Makara, Zunge/Rüssel der Makaras);

als das Herzchakra (Kugel) mit der Sushumna (je ein Strahl in der Mitte) sowie Ida und Pingala (je zwei Makaras);

und schließlich ist der Vajra noch die Blitz-Keule des Gottes Indra – und in dieser Deutung aber keine spirituelle Landkarte.

Historisch gesehen findet sich in dem Vajra eine reiche Symbolik aus deutlich früheren Zeiten als dem Buddhismus:

Die Kugel ist die Sonne bzw. der Sonnengott-Himmelsgott-Göttervater und evtl. auch der Urriese.

Der Lotus ist ein Symbol der Wiedergeburt, der Toten, der Sonne und evtl. auch des Urriesen.

Die Zweizahl der Lotusblüten und der Makara-Gruppen symbolisieren den Urgegensatz (Diesseits und Jenseits, Erdgott und Himmelsgöttin, Yin und Yang usw.).

Die acht Blätter der beiden Lotusblüten stellen die Vollkommenheit dar.

Die Makaras sind Darstellungen eines Toten bzw. des Sonnengottes in der Wasserunterwelt.

Die Vierzahl der Makaras ist ein Hinweis auf die vier Himmelsrichtungen und somit auch auf die Sonne, d.h. auf den Sonnengott.

Der Fisch (der manchmal ein Seehund ist) ist ein Symbol für die Wasserunterwelt.

Das Krokodil ist ein Symbol für einen Toten und für den Sonnengott in der Wasserunterwelt.

Der Hirsch ist ein Symbol für die Wiederzeugung der Toten und des Sonnengottes im Jenseits.

Der Ziegenbock-Fisch ist der Ursprung des Tierkreiszeichens „Steinbock".

Der Elefant ist ein Symbol für die Stärke (vor allem des Indra).

Diese Symbolik reicht bis in die mittlere Jungsteinzeit in Mesopotamien zurück.

Im Hinduismus gehört der Makara zu dem Himmelsgott Varuna, zu dem Göttervater Vishnu und zu seiner Frau Lakshmi, zu der Muttergöttin Chandi, zu den Flußgöttinnen Ganga und Narmada, zu dem Jenseitsreise-Gott Shiva, zu dem Liebesgott Kamadeva (Wiederzeugung), zu dem Donnergott Indra und zu dem Sonnengott Surya.

Die Makaras erscheinen oft an Übergängen, d.h. am Tor zwischen Diesseits und Jenseits, da sie Symbole der Wiedergeburt und somit auch des Weges in die Unterwelt sind.

III 10. Vajra und Sonnensystem

Die Struktur des Vajras findet sich auch in der Physik an einer sehr grundlegenden Stelle: im Aufbau des Umraumes einer Sonne.

In der Mitte befindet sich ein Stern – im Sonnensystem also der Stern, der „Sonne" genannt wird. Seine Masse ist so groß, daß der durch die Gravitation (Zusammenziehung) entstehende Druck in der Mitte so hoch ist, daß er die kleineren Atome

(Wasserstoff) zu größeren Atomen (Helium) „zusammenquetscht". Da in einem Helium-Atom günstigere Energie-Verhältnisse herrschen als in einem Wasserstoff-Atom, wird dabei Energie frei – die Sterne werden „heiß". Diese Energie strahlt der Stern dann ab – die Sterne (und die Sonne als einer von ihnen) leuchten.

Dieser Stern ist das Zentrum seines Systems. Er entspricht dem Herzchakra und der Seele in ihm sowie der Kugel in der Mitte des Vajras.

Die Sonne strahlt nicht nur Licht, d.h. Photonen aus, sondern auch Elektronen und kleine Atomkerne (von Wasserstoff und Helium), d.h. Ionen. Diese Strahlung wird „Sonnenwind" genannt.

Da dieser Sonnenwind immer dieselbe Richtung hat (von der Sonne fort), stoßen diese Photonen, Elektronen und Ionen gegen den feinen Sternenstaub, der sich überall in einer Galaxie und somit auch rings um die Sterne (und die Sonne) befindet, von der Sonne fort.

Eine mittelgroße Galaxie besteht aus ca. 100 Millarden Sternen (Sonnen).

Der Sonnenwind führt dazu, daß rings um die Sonne ein Bereich entsteht, in dem der Sonnenwind den Sternenstaub, d.h. alle Fremdkörper (Elektronen, Ionen, feiner Gesteinsstaub) von der Sonne fortgeschoben hat.

Dieser Bereich entspricht dem Sonnengeflecht und dem Halschakra, deren Tätigkeit darin besteht, den Willen der Seele im Herzchakra in Form von konkreten Wünschen umzusetzen und dabei ebenfalls alle Hindernisse aus dem Weg zu räumen, sodaß die Wünsche realisierbar werden.

Die Gefühle des Sonnengeflechtes und des Halschakras sind die Ausstrahlungen der Identität im Herzchakra sind – sie sind wie der Sonnenwind, den die Sonne ausstrahlt.

Die Gefühle sollten im Herzen verankert sein – so wie die Sonnenstrahlen in der Sonne. Und die Gefühle sollten hemmungslos und ungehindert nach außen hin in die Welt strahlen – so wie der Sonnenwind in den Umraum der Sonne.

Dieser Sonnenwind-Bereich entspricht den beiden Lotusblüten des Vajras.

Da durch den Sonnenwind der ganze Sternenstaub von der Sonne fortgeschoben wird, entsteht vor dem Sonnenwind eine Stoßfront – die Hülle einer großen Hohl-kugel in weiter Entfernung von dem Stern (bei der Sonne weit außerhalb der Pluto-Umlaufbahn).

Diese Stoßfront ist wie der Schnee vor einem Schneeschieber, der immer in dieselbe Richtung fährt. Der Schneehügel, der sich vor dem Schneeschieber aufhäuft, wird dabei immer größer.

Die Stoßfront vor dem Sonnenwind hat die Form einer riesigen Hohlkugel. Sie ent-hält insgesamt in etwa genausoviel Masse wie die gesamte Erde, aber da sie als feins-ter Staub auf eine riesige Kugeloberfläche verteilt ist, deren Zentrum die Sonne ist, ist sie nirgendwo als ein festes Gebilde greifbar – sie ist eher wie eine feine Nebelschicht rings um das Sonnensystem.

Durch den ständig wehenden Sonnenwind, der von innen her gegen diese Stoßfront drückt, dehnt sich diese „Nebel-Kugelhülle" immer weiter aus.

An der Stoßfront begegnet der Sonnenwind (der Impuls des Sternes) der Materie, die den Stern umgibt, und formt einen Grenzbereich. Dieser Grenzbereich besteht aus der von dem Stern in der Form des Sonnenwindes abgestrahlten Materie sowie aus dem Sternenstaub, auf die der Stern auf seinem Weg durch die Galaxie, zu der er gehört, trifft.

Auf dieselbe Weise treffen die Impulse des Sonnengeflechtes und des Halschakras in ihrem Umraum, d.h. im Hara und im Dritten Auge, auf die Gegebenheiten in der Welt, in der sie die Wünsche, die von dem Herzchakra ausgehen, verwirklichen wollen.

Dort, wo zwei verschiedenen Kräfte aufeinandertreffen, entsteht immer eine Form, die sich aus dem Wesen dieser beiden Kräfte ergibt. So ergeben sich auch aus den Impulsen des Herzchakras eines Menschen und aus der Eigendynamik der anderen Menschen in seinem Umraum und der Dinge in der diesen Menschen umgebenden Welt die Strukturen in dem Leben dieses Menschen. Dieser formende Vorgang ist auch im Inneren des Menschen zu finden, wenn seine konkreten Impulse (Sonnengeflecht und Halschakra) auf die Welt treffen und anhand dessen, was sie dort vorfinden, bestimmte Haltungen (Hara) und Vorgehensweisen (Drittes Auge) entstehen lassen.

Diese Stoßfront entspricht den Makaras.

Wenn sich ein Gegenstand durch eine andere Substanz bewegt, entsteht vor diesem Gegenstand in der Richtung seiner Bewegung eine Bugwelle – wie bei einem Schiff.

Diese Bugwelle entsteht dadurch, daß das Schiff gegen die Wassermoleküle stößt und diese Wassermoleküle dabei von dem Schiff nach vorne hin fortgestoßen werden – so wie ein Ball fortgestoßen wird, wenn man gegen ihn tritt. Wenn man einen Weg entlanggehen würde, auf dem viele Bälle liegen und man gegen jeden Ball treten würde, würden vor einem ständig Bälle in die eigene Bewegungsrichtung fortfliegen und eine Bugwelle aus Bällen bilden.

Auch die Stoßfront vor dem Sonnenwind ruft durch ihre ständige, allseitige Ausdehnung durch den Sternenstaub eine Bugwelle hervor.

Diese Stoßfront entspricht der Kontaktaufnahme, der ersten Begegnung mit dem neuen Bereich – für die im Lebenskraftkörper eines Menschen das Wurzelchakra und das Scheitelchakra zuständig sind. Auch diese beiden Chakren sind der konkrete Kontakt mit der eigenen Umwelt.

Dieser Bereich entspricht den Zungen bzw. Rüsseln der Makaras.

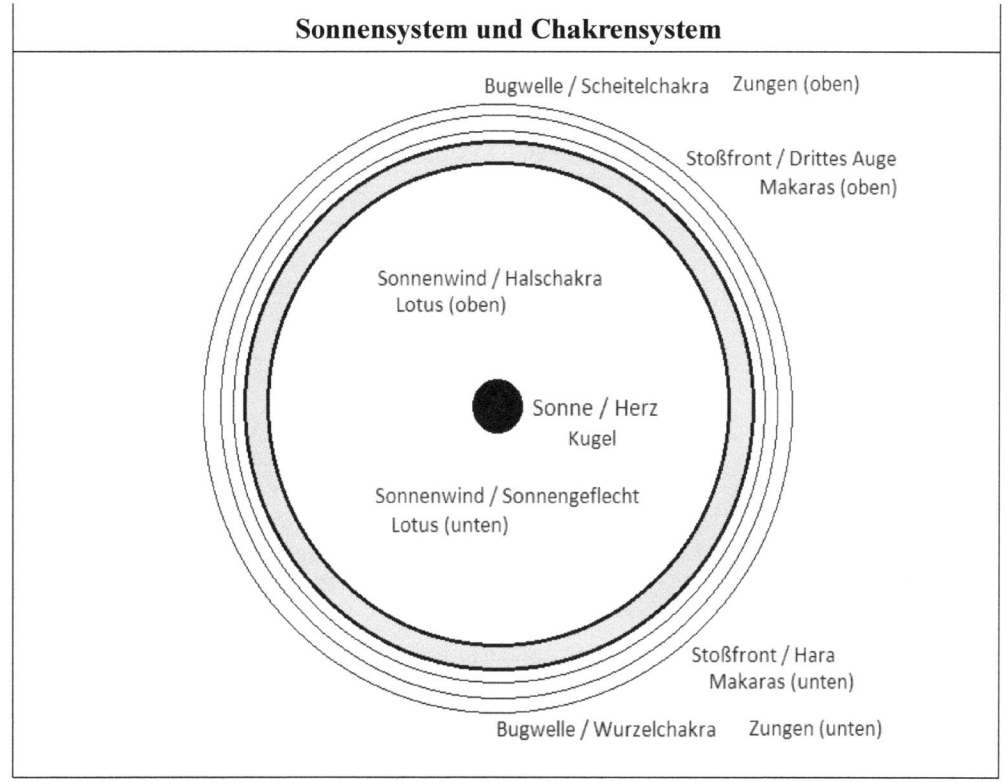

Sonnensystem und Chakrensystem

Bugwelle / Scheitelchakra   Zungen (oben)

Stoßfront / Drittes Auge
Makaras (oben)

Sonnenwind / Halschakra
Lotus (oben)

Sonne / Herz
Kugel

Sonnenwind / Sonnengeflecht
Lotus (unten)

Stoßfront / Hara
Makaras (unten)

Bugwelle / Wurzelchakra   Zungen (unten)

Die Sonne enthält viele Ionen, also elektrisch geladene Teilchen. Da die Sonne rotiert, bewegen sich diese Ionen. Bewegte elektrische Ladungen erzeugen ein Magnetfeld, das sich bei einem rotierenden Körper an den Polen bündelt und dort als magnetischer Strahl austritt (magnetischer Nordpol und magnetischer Südpol). Dieser Magnetstrahl erfaßt seinerseits Ionen und beschleunigt sie, sodaß sie in den Weltraum hinaus ausstrahlen. Diese beiden Strahlen an den beiden Polen einer Sonne werden „Jets" genannt.

Beim Durchqueren der drei Bereiche (Sonnenwind, Stoßfront, Bugwelle) verursachen die beiden Jets „über" und „unter" der Sonne jeweils drei Wirbel, die den drei Chakren sowie beim Vajra dem Lotus, dem Makara und seiner Zunge entsprechen. Diese beiden Jets entsprechen der Sushumna im Yoga, an der sich die Chakren befinden, und den beiden Strahlen des Vajras.

Da die positiv geladenen Ionen und die negativ geladenen Ionen in entgegengesetzter Weise beschleunigt werden, entstehen um beide Magnetstrahlen herum zwei Spiralen von Teilchen, die sich in entgegengesetzer Richtung drehen. Sie entsprechen im

31

Yoga Ida und Pingala, die neben der Sushumna verlaufen.

Die beiden Strahlen („Jets")

Jets einer Galaxie

Galaxie (der helle Fleck in der Mitte) mit zwei Jets, die in dem Sternenstaub, der die Galaxie umgibt, zwei rotleuchtende Wolken bilden

Die Art und Weise, in der sich eine Galaxie und ein Chakrensystem bilden, scheinen sehr ähnlich zu sein. In beiden wirken ähnliche Kräfte.

Die dabei entstehende Struktur entspricht auch dem Aufbau eines Vajras:

Sonne, Chakren und Vajra		
Sonne	*Chakren*	*Vajra*
Sonne	Herzchakra	Kugel
Sonnenwind-Raum	Sonnengeflecht + Halschakra	zwei Lotusblüten
Stoßfront	Hara + Drittes Auge	Köpfe der Makaras
Bugwelle	Wurzelchakra + Scheitelchakra	Zungen/Rüssel der Makaras
magnetischer Jet	Sushumna	zwei Strahlen
zwei Ionen-Spiralen	Ida + Pingala	Makara-Paar

III 11.   Vajra und Glocke

Der Vajra wird in buddhistischen Ritualen oft zusammen mit einer Glocke benutzt. Diese beiden Gegenstände haben eine ausgeprägte Symbolik, die vor allem zwei Gleichnisse benutzt:

Vajra und Glocke	
Vajra	*Glocke*
Mann / Penis	Frau / Yoni
Weisheit	Leere

IV   Die Vorgeschichte des Vajra

Die bisherigen Betrachtungen haben bereits gezeigt, daß der Vajra eine lange Vorgeschichte hat. Diese Geschichte wird in diesem Kapitel genauer betrachtet – sowohl der Zweig dieses Vajra-Stammbaumes, der zu dem buddhistischen Vajra-Symbol führt, als auch die anderen Zweige, die zu anderen Symbolen wie z.B. zu den Zauberstäben der germanischen Seherinnen führen.

IV 1.   frühe Jungsteinzeit in Mesopotamien

Die Vorfahren der Indogermanen sind um ca. 7000 v.Chr. von Mesopotamien aus nordwärts über den Kaukasus zwischen dem Schwarzen Meer und dem Kaspischen Meer in die südrussische Steppe gezogen. Da sich sowohl bei den Indogermanen als auch bei den späteren Völkern in Mesopotamien wie z.B. den Babyloniern dasselbe Blitzsymbol findet, ist anzunehmen, daß dieses Symbol bereits in der Zeit vor 7000 v.Chr. in von den frühen Ackerbauern in Mesopotamien verwendet worden ist.

Vermutlich ist der Blitz auch schon damals als Waffe des Himmelsgottes angesehen worden, der zudem noch der Donnergott, der Sonnengott und der Regengott gewesen sein könnte – eben der Gott von allem, was „oben" ist.

Der Sonnengott-Aspekt dieses „Gottes des oberen Bereiches" hieß damals Bel, woraus dann später der mesopotamische Ba'al, der germanische Beli, der keltische Belenus usw. geworden ist. Das Wort „Bel" bedeutet „Leuchtender, Strahlender". Die Sonne selber hieß damals „Siayu", woraus bei den Indogermanen „Saule" und noch später bei den Indern dann „Surya" geworden ist.

Auch die Zweizahl der beiden Makaras am Eingang der Tempel ist damals schon bekannt gewesen – ihre Vorläufer finden sich bereits um 10.000 v.Chr. als die beiden Panther am Eingang der Tempel von Göbekli Tepe.

IV 2.   frühes Königtum in Mesopotamien

In Mesopotamien wurde der Blitz als „Ast" mit drei „Zweigen" (die beiden folgen rechten Bilder) oder als verdoppelter, symmetrischer „Ast" mit je drei „Zweigen (die beiden linken Bilder) dargestellt.

Am Ende der Abbildungen der tibetisch Vajra-Makara-Gegenstände in Kapitel „III 4. d)" ist ein Vajra in der Form eines „Astes mit drei Zweigen" abgebildet, das die einfache, ursprüngliche Form dieses Symbols bewahrt hat.

In drei der vier Abbildungen (außer unten links) hat das Blitzbündel in der Mitte einen Griff. Aus diesem Griff ist später die Kugel in der Mitte des Vajras entstanden.

Marduk mit zwei Blitzbündeln,
Babylonien

Sturmgott Adad, Babylonien

Sturmgott Adad, Babylonien

Sturmgott Adad, Babylonien

35

Der Blitz als Symbol des Göttervaters hat sich sehr lange halten können – noch in der jüdischen Kabbala ist der „Blitzstrahl der Schöpfung" das Symbol der Erschaffung der Welt durch Gott. Sein Gegenstück ist die „Schlange der Weisheit", die der Kundalini entspricht und die die Wahrheit erkennen hilft, wodurch man wieder zu Gott gelangt.

Aus dem alten Ägypten gibt es leider keine Darstellungen des Blitzes – kaum Regen, keine Gewitter, kein Blitzsymbol …

IV 3. späte Jungsteinzeit in der südrussischen Steppe

Die Indogermanen haben in der Zeit zwischen 7000 v.Chr. und 2800 v.Chr. in der südrussischen Steppe gelebt und sind dort aufgrund der zunehmenden Trockenheit ab 6000 v.Chr. von Ackerbauern zu Viehzüchtern geworden.

Zu dieser Zeit muß das alte dreistrahlige Blitzsymbol durch eine vier- oder fünfstrahlige Variante ergänzt worden sein, die sich später sowohl bei den Indern als auch bei den Germanen findet.

Der Sonnengott ist auch als viergesichtig dargestellt worden, was sich in Indien bei Brahma, in Griechenland bei Apollo von Klaros und bei den Balten bei Swantevit erhalten hat. Der Himmel wurde von den vier Söhnen des Sonnengott-Göttervaters getragen – bei den Griechen von Atlas und seinen Brüdern, bei den Germanen von vier Zwergen oder Hirschen, bei den Hethitern von Upelluri usw.

Vor allem bei den Germanen wurde die Sonne schon um 1800 v.Chr. als das Kreuz der vier Richtungen in einem Kreis dargestellt.

Der Sonnengott selber wurde „Dhyaus" genannt, woraus dann bei den Kelten „Dagda" („Tages-Gott"), bei den Germanen „Tyr", bei den Römern „Jupiter" („Gott Vater"), bei den Griechen „Zeus", bei den Indern „Deva" usw. geworden ist.

Es hat also schon bei den Indogermanen den Sonnengott-Göttervater-Himmelsgott Dhyaus mit dem Blitzbündel, das sich der Gestalt des fünfstrahligen Vajras angenähert hat, gegeben.

Als sich der Regen- Blitz- und Donnergott-Aspekt des Himmelsgottes ab ca. 6000 v.Chr. verselbständigt, entstand der Donnergott mit dem Hammer bzw. der Axt und dem Blitzbündel. Aus ihm entstand dann bei den Germanen Thor, bei den Hethitern Tarhunt, bei den Indern Indra usw.

Allerdings hat auch der Sonnengott-Göttervater selber teilweise den Blitz als Waffe behalten – wie z.B. der griechische Zeus, der auch „der Donnerer" genannt wird.

Da sich das Blitzsymbol sowohl bei den Germanen als auch bei den Indern als eiserner Ritualgegenstand findet, ist anzunehmen, daß es einen solchen Ritualgegenstand aus (Meteor-)Eisen auch schon bei den Indogermanen gegeben haben wird.

IV 3. a) Hethiter

Die Hethiter sind ein Zweig der Indogermanen, der von ca. 2500 v.Chr. bis 1200 v.Chr. in der heutigen Zentraltürkei gelebt und dort ein Königreich errichtet hat – das zweite Königreich überhaupt nach dem Reich der Ägypter, das um 3250 v.Chr. von Pharao Narmer gegründet worden ist.

Der Blitz wurde bei ihnen als Stab mit drei Enden dargestellt, der sehr an den späteren Dreizack des Poseidon-Neptun erinnert, der Zeus in der Wasserunterwelt gewesen ist. Diese Form des Blitzes ist eine noch recht naturalistische Darstellung des von den Wolken herabkommenden und sich dabei verzweigenden Blitzes.

Hethiter: Donnergott Tarhunt mit Axt und einfachem „Blitz-Zweig"

Hethiter: Donnergott Tarhunt mit Axt und einfachem „Blitz-Zweig"

Römer, aber im Stil der Luwier (nahe Verwandte und Nachbarn der Hethiter): Donnergott Tarhunt mit Axt und zweifachem Blitzbündel

IV 3. b) Germanen

Bei den Germanen sind drei Zauberstäbe von Seherinnen gefunden worden, die an ihrem oberen Ende vier „Rippen" wie ein Vajra haben. Diese vier „Rippen" stellen recht sicher die vier Himmelsrichtungen dar und sind somit ein Hinweis auf den Sonnengott-Göttervater.

Bei allen drei Zauberstäben, die in dieser Weise angefertigt worden sind, befindet sich unterhalb und oberhalb der vier „Rippen" eine Kugel, die rein technisch gesehen nicht notwendig ist und daher eine symbolische Bedeutung haben wird – vermutlich die Sonne im Diesseits (oben) und im Jenseits (unten).

Diese Zauberstäbe waren aus Eisen – sie haben also noch die alte Jenseits-Symbolik des Eisens bewahrt, die sich auch beim Vajra findet.

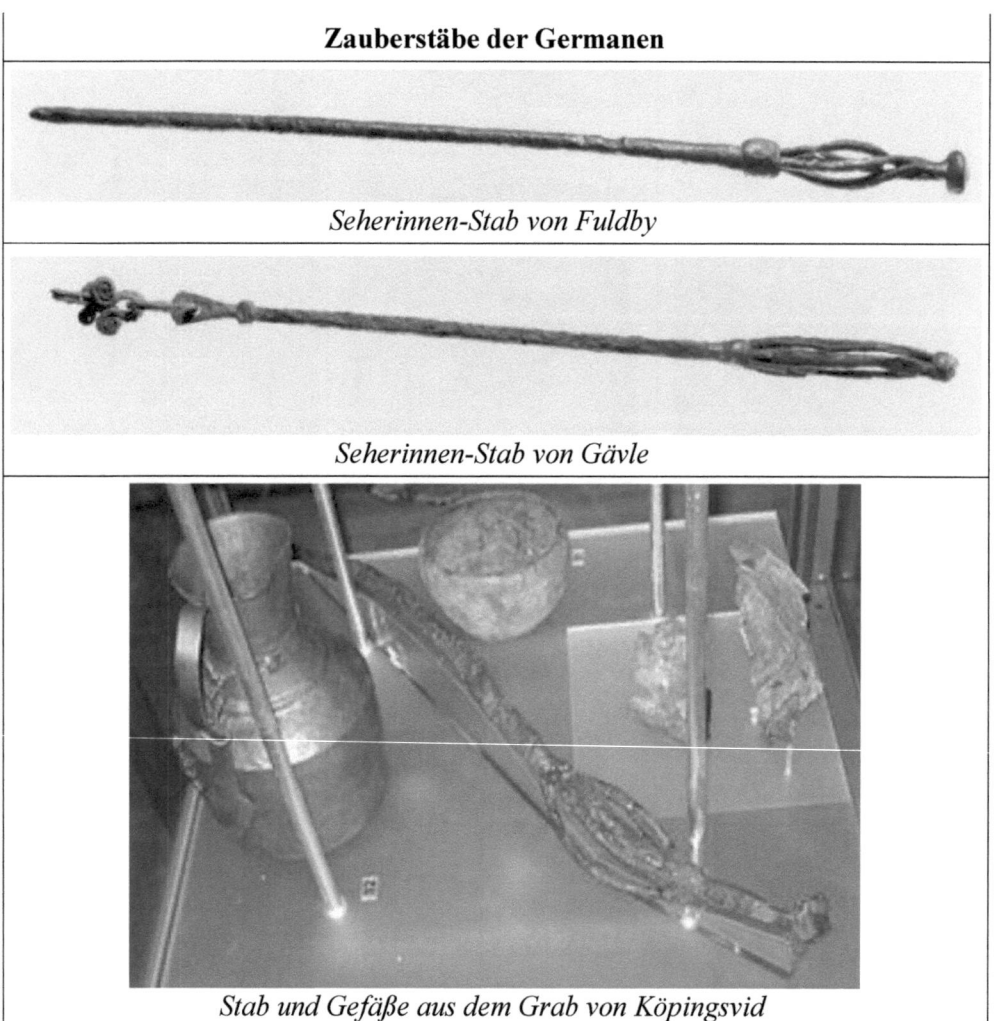

Zauberstäbe der Germanen

Seherinnen-Stab von Fuldby

Seherinnen-Stab von Gävle

Stab und Gefäße aus dem Grab von Köpingsvid

Die Darstellung des Griffes eines Ritualgegenstandes als Makara, aus dessen Maul dann die Klinge o.ä. hervorkommt, findet sich in ganz ähnlicher Weise auch bei den Germanen, bei denen der Hammer des Thor, wenn er als Amulett getragen wurde, des öfteren aus dem Kopf eines Menschen oder eines Vogels hervorkommt.

Thorhammer-Amulette

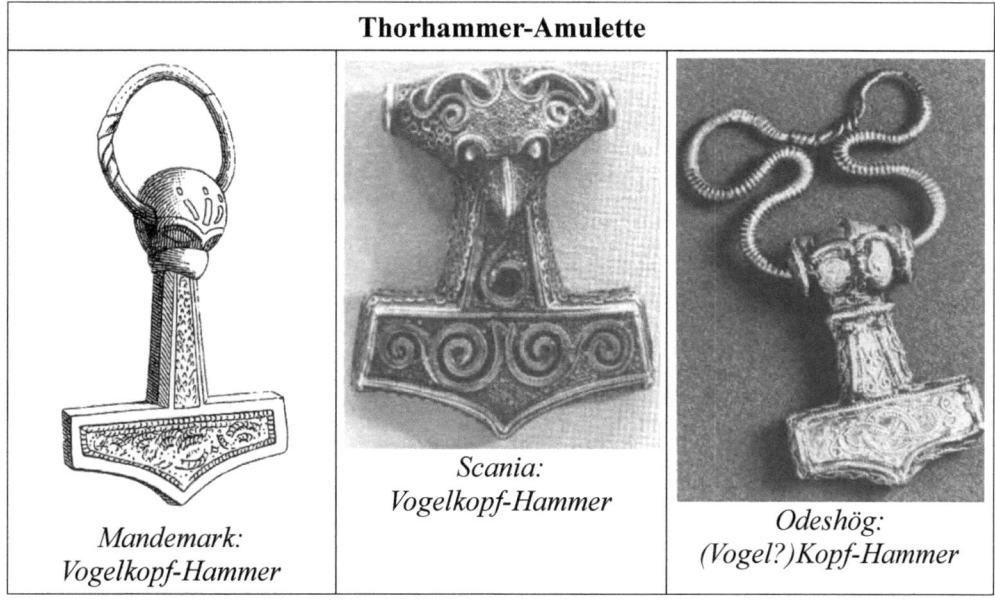

Mandemark:
Vogelkopf-Hammer

Scania:
Vogelkopf-Hammer

Odeshög:
(Vogel?)Kopf-Hammer

IV 3. c) Griechen

Die Griechen sind recht nahe Verwandte der Inder – die Inder, Perser, Mitanni, Armenier, Skythen, Griechen und Thraker bilden den östlichen Zweig der Indogermanen.

Bei den Griechen ist der Blitz des Zeus recht häufig dargestellt worden. Wie bei den Hethitern findet sich der Blitz als Blitzbündel, also als sich verzweigender „Blitz-Ast". Allerdings wird das Blitzbündel bei den Griechen stets als zweiseitiges Bündel dargestellt – so wie der Vajra.

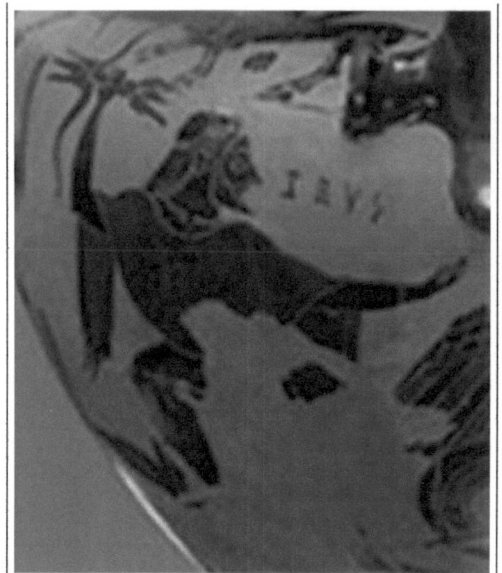

Zeus mit Blitzbündel, ca. 500 v.Chr.

Zeus mit Blitzbündel, ca. 500 v.Chr.

Auf beiden Bildern hält Zeus ein dreiteiliges Blitzbündel. Während auf dem rechten Bild alle drei „Äste" des Blitzes gleich sind, scheint das linke Blitzbündel einen Griff zu haben und zudem sieht der mittlere „Ast" wie eine Pfeilspitze oder Speerspitze aus – so wie bei einigen der offenen Vajras.

Zeus mit Blitzbündel, ca. 500 v.Chr.

Zeus mit Blitzbündel, ca. 500 v.Chr.

40

Auf diesen beiden Bildern sind beide Blitzbündel fünfteilig. Das linke Blitzbündel hat einen sehr deutlich erkennbaren Griff mit einem Ansatz zu einem zusätzlichen „Blatt" (Kringel), das die eigentlichen Blitze umgibt. Rechts ist der mittlere „Ast" als Pfeilspitze bzw. Speerspitze gestaltet worden.

Zeus mit Blitzbündel
ca. 500 v.Chr.

Zeus mit Blitzbündel
ca. 500 v.Chr.

Auf dem linken Bild hat das Blitzbündel einen „Stiel" in der Mitte und ist sehr symmetrisch mit je drei „Blitz-Zweigen" dargestellt worden.

Auf dem rechten Bild hat das Blitzbündel je fünf „Zweige" und scheint in der Mitte einen kugelartigen Griff zu haben, was sehr an das Vajra erinnert.

Silen und Blitzbündel
416-413

Kronos und Blitzbündel mit
Getreideähren, 413-408 v.Chr.

Auf diesen beiden Münzen ist das Blitzbündel durch viele andere Symbole ergänzt worden. Die Kugel in der Mitte ist deutlich erkennbar und ebenso die fünf „Blitz-

41

Zweige". Möglicherweise sind diese fünf „Zweige", die hier nebeneinander dargestellt worden sind, auch schon entsprechend dem Vajra, also wie die Fünf Punkte auf
einem Würfel angeordnet gewesen – was dann zu den Zauberstäben der Germanen
passen würde.

Am auffälligsten von den beigefügten Symbolen sind die beiden Sonnen (?) und die
beiden Flügel auf der linken Münze. Die Sonne würde zu Zeus gehören und die
beiden Flügel vermutlich zu dem Adler-Seelenvogel des Zeus.

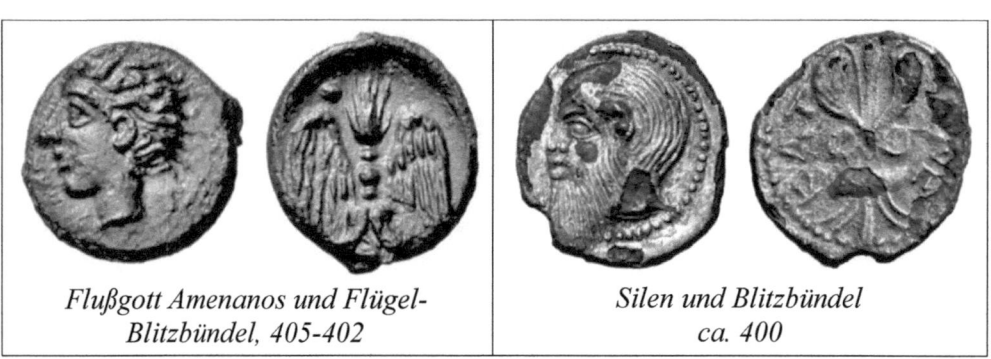

| Flußgott Amenanos und Flügel-
Blitzbündel, 405-402 | Silen und Blitzbündel
ca. 400 |

Bei der linken Münze ist wieder deutlich die Kugel in der Mitte zu sehen, die
entweder einfach ein Griff oder aber auch die Sonne des Zeus sein könnte. Neben
dem Blitzbündel sind die beiden Flügel des Adler-Seelenvogels des Zeus zu sehen. Ist
der Punkt links oben eine Sonne?

Auf der rechten Münze sind wieder die beiden Sonnen neben der Mitte des
Blitzbündels zu sehen – oder sollen das die beiden Augen des Zeus sein?

| Zeus und Blitzbündel
357-354 | Dreifuß und Blitzbündel mit Sonne
(Stern?) und Zeus-Adler, 350 v.Chr. |

Auf beiden Münzen ist neben dem Blitzbündel der Adler des Zeus abgebildet, von dem manchmal auch nur die beiden Flügel dargestellt worden sind.

Das Blitzbündel auf der rechten Münze ist recht schlicht gehalten worden und gleicht dem Blitz in der Hand des Zeus auf den Vasenbildern am Anfang dieses Kapitels.

Die Sonne neben dem Blitzbündel auf der rechten Münze läßt vermuten, daß auch die Kreise auf den vorigen Münzen Sonnen sind – die Sonne (Zeus) im Diesseits und im Jenseits? Dann wäre auf dieser Münze die Sonne „Zeus im Diesseits" und der Adler-Seelenvogel „Zeus im Jenseits".

Das Blitzbündel auf der linken Münze ist recht komplex gestaltet worden. Es scheint in der Mitte zusammengeschnürt worden zu sein, was vermuten läßt, daß die Kugel im Zentrum des Vajras erst nach und nach ihre Sonnen-Symbolik erhalten hat und anfangs einfach eine Schnur oder ein Griff gewesen sein könnte.

Der mittlere „Zweig" des Blitzbündels auf der linken Münze scheint spiralig gewunden zu sein. Die fünf „Zweige" sind auf dieser Darstellung sehr verschieden dargestellt worden und sollen recht sicher keine symmetrische Anordnung wie die „Rippen" beim Vajra sein.

Die Deutung der vier Halbkreise neben der Schnur in der Mitte ist recht unklar – sollen dies die Gewitterwolken sein?

Zeus und Blitzbündel mit Adler
345-336 v.Chr.

Zeus mit Blitzbündel und Ähre
ca. 340 v.Chr.

Diese beiden Darstellungen des Blitzbündels des Zeus unterscheiden sich nur geringfügig von der auf der vorigen linken Münze.

Das Blitzbündel wirkt hier fast wie eine Pflanze und die vier Halbkugeln aus der vorigen Abbildung sind hier deutlich als das unterste „Hüllblatt" der „Blitz-Pflanze" erkennbar.

43

| *Artemis und geflügeltes Blitzbündel*
 317-289 v.Chr. | *Zeus-Adler und Vajra-ähnliches*
 Blitzbündel 279-241 v.Chr. |

Bei der linken Darstellung sind die fünf „Zweige" im „Pflanzen-Stil" noch durch je vier weitere „Doppel-Blätter" ergänzt worden, während es bei der rechten Darstellung nur je zwei „Einfach-Blätter" sind.

Die Ergänzungs-Blätter auf der linken Münze könnten auch die Köpfe von Vögeln mit langen Schnäbeln darstellen – aber das ist recht unsicher.

| *Zeus-Adler und Vajra-ähnliches*
 Blitzbündel 245-210 v.Chr. | *Zeus und Blitzbündel*
 241 v.Chr. |

Die rechte Darstellung gleicht weitgehend den beiden vorigen: je fünf „Zweige" mit je zwei zusätzlichen „Doppel-Blättern". Diese zusätzlichen Blätter erinnern an die beiden Lotusblüten des Vajras, während die „Blitz-Zweige" den Makaras entsprechen.

Bei der linken Darstellung ist aus der Schnur, die das Blitzbündel in der Mitte zusammenhält, eine dreifache Schnur geworden. Die Hüll-Blätter, die beim Vajra die beiden Lotusblüten sind, sind sehr groß dargestellt worden. Aus ihnen entspringen wie aus einer Schale je acht Blitze – eine Analogie zu den teilweise acht Makaras beim Vajra und zudem ein Hinweis auf den Sonnengott, mit dem die Zahl „8" fest assoziiert gewesen ist. Die beiden Knospen-ähnliche „Klumpen" in der Mitte der acht Blitz-Zweige entsprochen den beiden spiralig gewundenen mittleren „Zweigen" des Blitzbündels. Sie sind eine Analogie zu den beiden Strahlen des Vajras.

44

Zeus und Blitzbündel
210-150 v.Chr.

Zeus und Blitzbündel
200 v.Chr.

Links ist ein sehr schlichtes Blitzbündel mit je drei „Zweigen" und je zwei Zusatz-Blättern auf beiden Seiten zu sehen.

Rechts ist ein Blitzbündel mit dreifacher Schnur, je fünf „Zweigen" und den beiden „Hüllblättern", die den beiden Lotusblüten des Vajras entsprechen, zu sehen.

Kopf und Zeus-Adler auf Blitzbündel
179-168 v.Chr.

Zeus und Blitzbündel
133 v.Chr.

Das Blitzbündel auf der linken Münze ist sehr schlicht als Griff mit je drei Punktreihen an beiden Enden dargestellt worden.

Das rechte Blitzbündel hat eine Kugel mit zwei Flügeln (Zeus-Adler) als Griff und je fünf „Zweige".

| Zeus und Blitzbündel ca. 100 v.Chr. | König und Zeus mit Blitzbündel 57-35 v. Chr. |

Das linke Blitzbündel stellt die einfache ursprüngliche Form dar, bei der eine Griff-Kugel angedeutet worden ist.

Auf der rechten Münze ist zu sehen, wie Zeus das Blitzbündel, das an beiden Enden fünf „Zweige" hat, an seinem Griff hält.

Zeus mit Blitzbündel

Zeus mit Blitzbündel, 250 n.Chr.

Bei diesen beiden Zeus-Statuen ist das Blitzbündel recht naturalistisch wie ein Flammenbündel dargestellt worden.

IV 3. d)   Kelten

Bei den Kelten findet sich der Blitz nur indirekt in der Form der Keule des Gottes Smertrios, die dem Hammer des germanischen Thor, des hethitischen Tarhunt usw. entspricht – und wo ein Donner (Schlag mit der Keule) ist, muß auch ein Blitz sein.

Der eigentliche Donnergott der Kelten ist Taranais gewesen, der wie der germanische Thor einen Hammer zur Erzeugng des Donners benutzt.

Diese Keule findet sich auch bei dem griechischen Herakles.

IV 3. e)   Inder: Indra

Indra ist der Regen-, Blitz- und Donnergott in der frühesten indischen Mythologie. Indra hat den ursprünglichen indogermanischen Sonnengott, Göttervater und Himmelsgott Dhyaus abgesetzt und ist an seine Stelle getreten. Dieselbe Dynamik („Thronraub") findet sich auch bei den Germanen bei dem Donnergott Thor und dem ehemaligen Sonnengott-Göttervater Tyr. Da Thor, Indra und die übrigen indogermanischen Donnergötter eine Verselbständigung eines Aspektes des indogermanischen Göttervaters Dhyaus sind, findet sich der Blitz sowohl bei dem Donnergott als auch bei dem Göttervater. In manchen Mythologien ist der Donnergott wieder verlorengegangen bzw. wohl wieder mit dem Göttervater vereint worden. So ist z.B. der griechische Zeus sowohl der Göttervater als auch der Donnergott.

Im Rig-Veda ist der Vajra die Waffe des Donnergottes Indra, mit der er die riesige Regenräuberschlange Vritra erschlägt, sodaß die Flüsse anschließend wieder Wasser führen können und die Trockenzeit endet. Wegen dieser Waffe wurde Indra auch „Vajra-Träger" genannt.

Indra konnte mit seinem Vajra nicht nur seine Feinde erschlagen, sondern auch seine eigenen Krieger wieder zum Leben erwecken.

Diese Vajra-Waffe wurde Indra von Tvashtar geschmiedet. Tvashtar ist der Schöpfergott, der Vater des Vritra und auch der Großvater der beiden ersten Menschen Yama und Yima.

In einer Mythe wird der Vajra als kreisförmige Waffe mit einem Loch in der Mitte geschildert. Das klingt so, als ob der Vajra hier mit dem Sonnendiskus gleichgesetzt worden wäre.

An einer anderen Stelle wird gesagt, daß Indras Vajra hunderte oder tausende von „Rippen" hat, was aber wohl nicht wörtlich zu verstehen ist, sondern nur die gewaltige Macht von Indras Vajra illustrieren soll.

In den Puranas, die später als der Rig-Veda verfaßt worden sind, wird eine interessante Mythe berichtet:

Die Götter gaben einst ihre Waffen dem Yogi Dadhichi zur Aufbewahrung. Lange Zeit bewachte der Yogi pflichtbewußt diese Waffen. Schließlich wurde er diese endlose Aufgabe jedoch leid. Da beschloß er, die Waffen der Götter in Wasser aufzulösen und dieses Wasser zu trinken, wodurch sie zu seinen Knochen wurden – so konnten die Asuras, die die Feinde der Götter waren, nicht an diese Waffen gelangen. Doch als die Götter ihre Waffen im Kampf gegen die Asuras brauchten, konnte Dadhichi ihnen die Waffen nicht mehr zurückgeben. Als er einsah, daß die Götter ihre Waffen jedoch unbedingt brauchten, entzündete Dadhichi ein Feuer in sich und verbrannte sich selber, sodaß die Götter ihre Waffen aus den Knochen des Dadhichi wieder neu erschaffen konnten. Den Vajra formten sie aus seinen Wirbeln.

Diese Mythe ist deshalb so interessant, weil sie den Vajra der Wirbelsäule eines Yogis gleichsetzt. Das könnte ein Hinweis auf die mögliche Benutzung des Vajras in der Meditation sein, bei der man die eigene Wirbelsäule als einen Vajra imaginierte – das innere Feuer, in dem sich der Yogi selber verbrannt hat, wäre dann die Kundalini.

Der Vajra würde hier dem Weltenbaum entsprechen, der z.B. in den ägyptischen Mythen als die Wirbelsäule des Osiris aufgefaßt wird. Die Auffassung der sieben Chakren als Lotusblüten legt zumindestens die Assoziation zu einer siebenblütigen Lotuspflanze nahe, was dem Weltenbaum schon recht nahe kommt.

Auch der Kriegsgott Skanda, der auch Kartikeya genannt wird, besitzt einen Vajra als Waffe. Er ist vermutlich als eine Variante oder ein Aspekt des Indra aufzufassen.

IV 3. f) Indien/Tibet: Buddhismus

Im Vajrayana-Buddhismus stellt der Vajra die ursprüngliche Einheit, das Nirvana, die Klarheit des Raumes, die Leere, das gleißend weiße Licht, die glänzende Schwärze, die Wurzel aller Dinge, die Unzerstörbarkeit dar – was alles verschiedene Umschreibungen für das sind, was man findet, wenn man der Welt bis auf den Grund gegangen ist. In den meisten anderen Religionen würde man dieses Eine-Alles-Einzige „Gott" nennen – im Buddhismus wird dies oft „Shunyata" genannt.

Da diese Einheit hinter aller Vielfalt unzerstörbar ist, wird der Vajra als das Symbol für die Einheit auch „Diamant-Szepter" genannt.

Im Ritual repräsentiert der Vajra die Schöpferkraft und das männliche Prinzip. Der Vajra wird im Ritual in der rechten Hand gehalten und repräsentiert die geschickten Mittel, die der Betreffende beherrscht – die Glocke in seiner linken Hand repräsentiert die Weisheit, die den Einsatz der geschickten Mittel leiten soll.

IV 3. g) Indien/Tibet: Dhyani-Buddhas

Der fünfarmiger Vajra ist ein Symbol für die bereits am Anfang dieses Buches dargestellten fünf Dhyani-Buddhas.

IV 4.   geschichtliche Zusammenfassung

In der Zeit zwischen 10.000 v.Chr. und 7.000 v.Chr. ist in der frühen Jungsteinzeit in Mesopotamien ein Symbol für den Blitz entstanden: Ein „Zweig" mit drei „Ästen". Dieser Blitz befand sich in der Hand eines Himmelsgottes. Es gab auch eine Variante mit je drei „Ästen" in beide Richtungen und einem „Griff" in der Mitte des Blitzbündels.

Dieser Himmels-, Sonnen-, Regen-, Sturm-, Blitz- und Donnergott, hat sich bei den Indogermanen zwischen 7.000 v.Chr. und 6.000 v.Chr. zu dem Göttervater Dhyaus weiterentwickelt. Aufgrund der räumlichen Orientierung mithilfe der Sonne ist der Sonnengott als viergesichtig, als Vater von vier Söhnen (Himmelsrichtungen, Himmelsträger) usw. dargestellt worden. Daher wurde auch das Blitzsymbol vom dreifachen Strahl zum fünffachen Strahl ausgebaut – ein Strahl in der Mitte und vier Strahlen ringsum, die den vier Himmelsrichtungen entsprachen. Auch der gekreuzte Vajra ist durch diese Symbolik der „4" entstanden.

Dieses Blitz-Symbol befand sich auch an der Spitze der „Zauberstäbe" der Priester und Priesterinnen. Dieser „Ur-Vajra" wurde aus Meteor-Eisen hergestellt, da man dieses Eisen als Bruchstücke des Himmels ansah und sie daher den, der ein solches „Ur-Vajra" in den Händen hielt, mit dem Himmel und somit auch mit dem Göttervater Dhyaus verband.

Zwischen 6.000 v.Chr. und 5.000 v.Chr. hat sich der Blitz- und Donner-Aspekt des Göttervaters zu dem Donnergott weiterentwickelt, weil aufgrund des damaligen deutlichen Rückgangs der Regenfälle das Motiv des Kampfes des Donnergottes mit der Regenräuberschlange entstanden war. Aus dem Blitz des Donnergottes, der später bei den Hethitern Tarhunt, bei den Kelten Taranis und bei den Germanen Thor hieß, ist z.T. eine Keule, ein Hammer oder ein Vajra geworden.

Der Vajra wurde weiterhin mit dem Sonnengott-Göttervater Dhyaus und mit seinem Adler-Seelenvogel assoziiert. Auch die Gestalt des Sonnengottes in der nächtlichen Wasserunterwelt blieb mit dem „Ur-Vajra" verbunden: der Hirsch-Fisch, der Antilopen-Fisch, der Steinbock-Fisch, der Krokodil-Fisch und der Elefant-Fisch.

Ebenso wurde auch das Bild der aus einem See emporsteigenden Lotusblüte für die Wiedergeburt der Sonne mit dem „Ur-Vajra" assoziiert. Bei den Griechen ist im Zentrum der Blitze manchmal ein Knospen-artiges Gebilde zu finden und die Blitzstrahlen selber werden wie von Blättern eingehüllt.

Aus all diesen Symbolen formten die Inder schließlich den Vajra mit der Sonne (Griff) in der Mitte, aus der zwei Lotusblüten herausprießen, aus denen wiederum je zwei, vier oder acht Makaras rings um den zentralen Strahl hervorkommen.

> Die Version mit Mittelstrahl und zwei Makaras hat die älteste Form bewahrt – den „drei-ästigen" Blitz aus der frühen Jungsteinzeit.

> Die Version mit Mittelstrahl und vier Makaras hat die mittlere Form bewahrt – den „fünf-ästigen" Blitz aus der Frühzeit der Indogermanen, die die vier Richtungen mit dem Blitzsymbol kombiniert haben.

> Die Version mit Mittelstrahl und acht Makaras ist die jüngste Form – den „neun-ästigen" Blitz, dessen acht „Rippen" die Vollkommenheit der Sonne darstellen.

Der Vajra als Blitz ist zunächst die Waffe des Donnergottes Indra gewesen. Im Buddhismus wurde der Vajra jedoch wie sehr viele andere hinduistische Symbole auch zu einem Bild für die Aspekte der buddhistischen Lehre umgedeutet.

Zeitgleich mit Buddha haben auch Jaina, Patanjali, Lao-tse, Dshung-tse, Zalmoxis, Zarathustra und viele andere die alten Mythen zur Illustration ihrer neuen Lehre verwendet, die im Wesentliche alle die Aussage „Sei Dein eigener König!" enthielten. Um dieses Ziel der Eigenständigkeit zu erreichen, haben diese Religionsstifter zum einen die Mysterien gegründet, in denen sich die Teilnehmer mit der Mysteriengottheit identifizierten und dadurch ihre eigene Seele erkannten, und zum anderen haben sie Meditationen gelehrt, die den früheren Jenseitsreisen der Sonne und der Schamanen nachgebildet worden waren.

Innerhalb dieses Rahmens ist der Vajra zu einem Symbol des Ziels der Yogis geworden.

V   Traumreise zum Vajra

Bei einer Traumreise setzt oder legt man sich entspannt hin, schließt die Augen (was aber nicht unbedingt notwendig ist) und definiert, in welchem Bereich man etwas wahrnehmen will. Dafür kann man innerlich durch eine „Astraltür" gehen, also durch eine Tür, auf der der Name des ausgewählten Themas geschrieben steht oder auf der sich ein Symbol oder Bild für dieses Thema befindet; man kann auch die Sache selber vor sich liegen haben und in seiner Vorstellung in diese Sache hineingehen (wenn man z.B. die Wirkung eines homöopathischen Kügelchens erforschen will); oder man kann sich einfach mit einigen Worten an die Gottheit o.ä., die man kennenlernen will, wenden. Das Wesentliche ist, daß man klar definiert, wohin man will.

Dann schaut und lauscht man, was geschieht.

Man kann sich entweder alle Ereignisse merken oder sie während der Traumreise laut aussprechen und mit einem Mikro aufnehmen oder sie von einer zweiten Person notieren lassen.

Nach der Traumreise kann man dann das Erlebte noch einmal durchgehen und schauen, was das Erlebte für die Frage, mit der man in die Traumreise gegangen ist, bedeutet.

Dabei sollte man alles, was man gesehen und gehört hat, ernst nehmen – weil es aus irgendeinem Grund in die Traumreise gekommen ist. Aber man sollte auch nicht davon ausgehen, daß alles genau das ist, was es auf den ersten Blick zu sein scheint, sondern prüfen, ob es mit den Informationen, die man auf eine andere Weise erlangt hat, übereinstimmt und insgesamt ein schlüssiges Bild ergibt. Schließlich sollte man entscheiden, welche der so erlangten Informationen so vielversprechend aussehen, daß man sie durch ein Experiment überprüfen will.

Es ist allgemein sinnvoll zu unterscheiden, welche Informationen man durch eine archäologische Grabung, durch wissenschaftliche Forschung, aus der Geschichte oder aus seiner eigenen Biographie erhalten hat, und welche Informationen aus Meditationen und Traumreisen stammen. Dabei geht es nicht darum, die Traumreisen-Informationen nicht ernst zu nehmen, sondern darum, daß man die Informationen, die das Wachbewußtsein aus der Weltbetrachtung erlangt (Forschung), und die Informationen, die es aus der Betrachtung der inneren Bilderwelt erlangt (Meditation), verschiedene Qualitäten haben – die äußeren Informationen haben Zahl und Maß, die inneren Informationen haben Qualitäten und Zusammenhänge.

Diese Traumreisen-Methode kann man auch anwenden, um das Wesen des Vajras zu erkunden. Dafür kann man ganz direkt zu dem dem früh-jungsteinzeitlichen Blitz-Symbol und zu dem indisch-tibetischen Vajra selber eine Traumreise unternehmen, aber man kann auch zu Indra, Zeus, Marduk, Buddha und den beiden Yogis Naropa und Milarepa reisen und schauen, was man dort findet. Möglicherweise ergeben sich auf diesen Traumreisen auch noch weitere Ziele für solche Traumreisen.

Vor einer Traumreise weiß man zwar, worüber man etwas erfahren will, aber man weiß natürlich nicht, was man dort findet wird – so wie das in der Forschung immer ist. Oder wie es J.R.R. Tolkien formuliert hat: „Es gibt nichts besseres als Suchen, wenn man etwas finden will, aber man findet nicht immer das, was man gesucht hat."

V 1.   Traumreise zu dem früh-jungsteinzeitlichen Blitz-Symbol

Ich stelle mir auf einer Tür das früh-jungsteinzeitliche Blitzsymbol vor – den „Stiel" mit den drei „Ästen" ... dann gehe ich durch diese Tür ... das ist eine ziemlich klapprige Holztür ... komisch ... hm ... das Szenario ist sehr skorpionisch, sag' ich mal – astrologisch gesehen ... da sind Flecken mit hellem Licht, es ist dunkel, es ist 'ne Landschaft ... es ist teilweise Wiese, teilweise bloße Erde ... dann sind da Löcher, da sind Bäume ... das ist also ein ziemliches Durcheinander ... also, es wirkt ... ja, eigentlich nicht wild, sondern chaotisch, voller Spannungen und Umwälzungen ... ... so wie der Hintergrund für's Finale von einem Drama ...

Also: „Wo ist hier das Wesentliche?"

...

Hm, das ist ein Platz geradeaus und leicht nach links ... ich fliege da mal hin ... ah, das ist eine Stelle, die hell ist ... Wieso ist da eigentlich Licht? ... Das Licht ist da, aber es hat keine Quelle ... also keine Lücke in den Wolken, durch die die Sonne runterscheint oder so was ... es wirkt wie so'n Spotlight ... festgetretener Boden ... vereinzelt ein bißchen Gras ...

„Was ist an diese Stelle hier das Wesentliche?"

„Du!"

„Ich?"

„Du!"

„Oh ... äh ... wer sagt das?"

„Ich."

„Ehm ... wer ist denn 'Ich'?"

„Du."

„Äh ... also ... ... Im Bereich des früh-jungsteinzeitlichen Blitz-Symboles ist das Wesentliche die helle Stelle und an der sage ich mir selber, daß ich für mich das Wesentliche bin?"

„Ja."

...

„Hm ... das ist ja mal wieder so garnicht das, was ich mir gedacht habe, was ich

vielleicht finde ..."

„Deshalb bist Du ja auch hierher gekommen. ... Was willst Du?!"

„Äh ... also ... ich möchte den Vajra besser verstehen ... und letztendlich möchte ich ... die Vajra-Meditation, die ich im letzten halben Jahr entwickelt hab' ... ja, wenn die sich noch weiter verbessern läßt, wenn sie dadurch noch effektiver wird ... dann würde ich das gerne rausfinden ..."

„Feuer!"

„Feuer? ... Kundalini-Feuer?"

„Feuer!"

„Hm ... gilt das allgemein oder gilt das hier für mich?"

„Für Dich! Du bist hier das Wichtige!"

„Ehm ... also, ich seh' schon ... im Reich der Blitze hat das alles eine andere Dynamik als sonst – das hat alles ein bißchen mehr Power ..."

„Wunderst Du Dich etwa?"

„Naja, nicht so ganz ..."

„Feuer."

„Hm – in welcher Form?"

„Kundalini."

...

„Wie gehört das ... zu der Vajra-Meditation dazu?"

„Ruf' sie – lad' sie ein ... und dann mach' die Meditation so, wie Du sie im Moment machst – aber lad' sie ein!"

...

„Hm ... ja, gut ... ähm ... gibt es irgendwas über den Blitz in der frühen Jungsteinzeit zu sagen, was vielleicht gut wäre, wenn es noch in meinem Buch stände?"

„Blitz ist Blitz."

„Hm ... ja ... ehm ... das war's?"

„Das war's."

„Hm ... ich muß schon sagen, diese Traumreise hat eine unerwartete Qualität ... so wie 'ne Pluto-Uranus-Konjunktion mit noch einem bißchen Mars dazu – oder so ... Hau-Ruck! Krawumm! ... Ja, gut ... dann kehre ich jetzt mal zum Eingang zurück. ... Danke für das, was ich hier gehört und gesehen habe!"

„Bitte."

Dann gehe ich jetzt durch die Tür zurück – wieder nach draußen ... also zu meinem Ursprungsplatz.

„Ho!"

Der Blitz-Charakter dieses Symbols ist in dieser Traumreise nicht zu übersehen – kurz und heftig und plötzlich. Aber auch die Besinnung auf sich selber, die für den Sonnengott-Göttervater typisch ist, ist vorhanden.

V 2.   Traumreise zum Vajra

Ich stelle mir auf einer Tür einen Vajra vor ... links und rechts ist 'ne Säule, oben ist ein Querbalken ... der ist geschwungen wie bei den Seelenweg-Toren in den germanischen Tempeln ... hm ... komisch ... aber die Säulen, die sind nicht aus Holz, die sind aus ... Stein? ... kein Marmor – Stein ... hm, weiß nicht genau, was für'n Stein ... körnig, aber eigentlich kein Sandstein, naja, ehm ... da hängt so was wie ein Tuch ... also in diesem Tor ... da ist ein Vajra drauf zu sehen, mit vier Rippen oben und unten ... ich schiebe mit meiner linken Hand diese Decke ein bißchen nach links ... geh' dann rechts vorbei ... als rechts von dem Tuch, das da in diesem Tor hängt ...

Hm ... ... hm ... es ist ein bißchen dunkel, da ist Landschaft, Weite ... scheint hauptsächlich Gras zu sein, ziemlich eben ... leichte Wellen im Boden, aber sehr wenige ... Wolken am Himmel ... hm ... Abend oder so ... komische Stimmung ... wie ... ein doppeltes Bild ... ich seh' die eine Hälfte des Bildes – das zweite Bild ist durchsichtig ... hm ... ja? ... ja ... das zweite Bild kann ich spüren ...

Das ist wie zwei Bilder, zwischen denen ich wechseln kann ... ich kann sehen, was da ist ... also diese Landschaft ... und dahinter ist diese Stille, diese Einheit, dies Licht in allen Dingen, dies durchsichtige eine Etwas, das die Buddhisten die Leere nennen oder das in der jüdischen Kabbala 'Kether' heißt ... hm ... ...

„Wo ist hier das Wesentliche?"

„Da, wo Du bist."

„Das hab' ich doch eben schon mal so ähnlich gehört ..."

„Lausche."

... ...

Hier ist die Stille ... das ist kurios ... wenn ich meditiere, kann ich in die Stille gehen, aber dann tu ich das, dann entsteht das in mir – hier ist die Stille da und ich gehe in die Stille hinein wie in einen Raum ... ... und die ist unabhängig von mir da ...

... ...

... ...

... ...

„Hm ... ist diese Stille das Wesentliche?"

... ...

... ...

„Hm ... ich hab' das Gefühl, ich kann da jetzt beliebig lange in dieser Stille bleiben ... ohne das da irgendetwas passiert ... hm ... ich glaube, ich kehre erst mal zurück ... ich kann ja, wenn ich will oder wenn sich das irgendwie als sinnvoll zeigt, später noch mal wiederkommen ... o.k. ... Danke!"

Ich kehre durch das Tor zurück.

„Ho!"

V 3. Traumreise zu Zeus

„*Zeus?*"
„*Ja?*"
„*Ich würde gerne Dein Blitzbündel besser verstehen.*"
„*Was willst Du da verstehen?*"
...
„*Diese Kreise links und rechts von dem Blitzbündel von der einen Münze, sind das zwei Sonnen – im Diesseits und im Jenseits ... oder sind das Deine Augen?*"
...
„*Es ist beides.*"
„*Hm ... warum sieht dieses Blitzbündel auf den Münzen oft, ja, wie eine Pflanze aus?*"
... ...
... ...
... ...
„*Hm ... irgendwie kommt da nicht so recht was ... ich glaub' ich hör' erst mal auf ... irgendwie steht grad' was anderes an. ... Danke, Zeus!*"
Ich kehre zurück.
„*Ho!*"

Einige Stunden später, nachdem ich meditiert habe und eine Weile im Wald gewesen bin:

„*Zeus?*"
„*Ja?*"
...
„*Kannst Du mir jetzt etwas darüber erzählen, warum Dein Blitzbündel manchmal so wie 'ne Pflanze aussieht?*"
Ich lausche innerlich und höre, wie Zeus mir Dinge ohne Worte mitteilt ...
„*Das hat mit den Mysterien zu tun? ... Mit den Pflanzen, die sie da benutzt haben für den Ritualtrank? ... ... Und das ist auch einfach eine graphische Spielerei? ... Du meinst, so wie bei den Makaras, daß die statt dem Fischschwanz einen Pfauen-federschwanz kriegen oder so'n, ja, Pflanzenranken-Unterleib? Das gab's ja auch in Europa im Barock des öfteren, daß da so Menschen mit Pflanzenornament-Unterleib dargestellt worden sind ... Ist das einfach so, weil der Fischschwanz dazu verleitet, ihn auszuschmücken und dann daraus Ranken werden?*"
...
„*Hauptsächlich, ja.*"

„Hm ... hm ... mit dem Blitzbündel ist viel assoziiert worden – z.B. die Ähren, die ab und zu daneben dargestellt werden ... ja, gut ... die Ähren als Pflanzen färben dann ja sozusagen auf das Blitzbündel ab ... ja, das ist dann dasselbe wie die Flügel von Deinem Adler, die dann manchmal an dem Blitzbündel erscheinen ... das heißt, das wird dann so 'ne Art Gesamtsymbol von allem Guten."

„Ja, so ähnlich wie die Drachen das Gesamtsymbol von allem, was mit dem Tod und der Wiedergeburt zu tun hat, sind."

„Hm ... ... kannst Du mir noch irgendetwas zu dem Blitzbündel sagen, was hilfreich wäre für mein Verstehen?"

...

„Nein, das reicht so."

„Ja, gut ... danke, Zeus!"

„Bitte."

„Ich kehre zurück."

„Ho!"

Man könnte ja einen Zusammenhang zwischen den Pflanzenformen an dem Blitzbündel des Zeus und den Lotusblüten am Vajra vermuten, aber dazu hat Zeus nichts gesagt …

Besteht an diesem Punkt noch Forschungsbedarf?

V 4. Traumreise zu Indra

„Indra?"

„Ja?"

...

„Ich würde gerne den Vajra besser verstehen."

„Der ist meine Waffe und der ist meine Keule, der ist mein Blitz – damit töte ich meine Feinde."

„Hm ... ist der Vajra dasselbe wie der Hammer des Thor?"

„Ja – auch der ist ursprünglich der Blitz gewesen. Der Blitz konnte wegen seinen drei Strahlen vorne auch wie 'ne Keule dargestellt werden – und irgendwo muß der Donner ja herkommen (Schlag mit der Keule = Donner) ... da lag es nahe, den Blitz als Hammer oder als Keule darzustellen."

...

„Bei den Germanen kommt der Hammer manchmal aus dem Mund eines Vogels. ... Hat das irgendetwas mit den Makaras zu tun?"

„Der Vogel ist der Seelenvogel des Thor – und die Makaras sind der Sonnengott-

Göttervater in der Wasserunterwelt. Sowohl der Vogel als auch die Makaras sind ursprünglich Dhyaus gewesen, bevor der Donnergott eigenständig wurde."

...

„Kann man da den Donner als die Stimme des Dhyaus ansehen?"

„Nein! Das, was aus dem Mund kommt, stellt nur die Folge einer Ursache dar. ... Dhyaus bzw. der Donnergott ist der, der den Blitz und den Donner macht – folglich kommen sie aus ihm heraus."

...

„Diese Symbolik leuchtet ein, ja. ... Gibt es noch etwas, was Du mir sagen magst?"

...

„Frag' Buddha."

„Ja, gut – das werde ich machen. ... Danke, Indra!"

„Bitte."

Ich kehre zurück.

„Ho!"

Ich hatte ursprünglich nicht vorgehabt, eine Traumreise zu Buddha zu machen, aber werde das nachher tun.

V 5. Traumreise zu Marduk

„Marduk?"

„Ja?"

„Bist Du derselbe wie Adad der Donnergott?"

„Nein ... es gibt Ähnlichkeiten ... ich bin eher der Sonnengott-Göttervater ... Adad hat sich auch von mir abgetrennt – genauso wie Indra und Thor von Dhyaus."

„Hm ... gibt es etwas, was Du mir über das Blitzbündel sagen kannst?"

„Es ist meine Waffe."

...

„Aber Du kämpfst nicht gegen den Regenräuberdrachen, oder?"

„Nicht so wie bei den Indogermanen, nein."

...

„Hm ... was machst Du mit Deiner Waffe?"

„Die Götter schützen."

... ...

„Gibt es etwas, was Du mir sagen kannst, was mein Verständnis des Vajras verbessern kann?"

...

„Nein, da ist nichts zu sagen."

...

„Danke, Marduk."
„Bitte."
Ich kehre zurück.
„Ho!"

V 6.   Traumreise zu Buddha

„Buddha?"

...

Ich kann Buddha sehen ... er meditiert ... ... Ich setz' mich ein paar Meter vor ihn hin ... und lausche innerlich ... ich sehe den Vajra senkrecht – er ist nicht in Buddha, er ist vor Buddha ... hm ... hat Buddha irgendwo in seiner Symbolik und in seinen Reden den Vajra benutzt?

„Nein, das habe ich nicht – das ist später durch andere geschehen. ... Ich habe die '8' für die (Gliederung der) achtfache Lehre benutzt – die Symbolik der '8' ... aber nicht den Vajra."

„Hm ... kannst Du mir trotzdem etwas über ihn sagen? ... Du bist ja nicht nur der historische Buddha, Du bist ja ... ja, wie soll ich sagen? ... das Urbild des Buddhas, sag' ich jetzt einfach mal."

...

„Wenn Du das Urbild fragen willst, dann schaue dort."

Hm ... das ist irgendwo oben und hinter ihm ... der ist sehr viel größer und der ist ...halbdurchsichtig ... na, ein drittel-durchsichtig."

...

„Buddha? Kannst Du mir etwas über den Vajra sagen?"

...

„Schau ihn Dir an."

...

Ich sehe ihn vor mir ... die Kugel in der Mitte ist golden ... die ist wie 'ne Sonne mit Flammen drumherum ... die beiden Strahlen haben eine sehr hohe Intensität ... die beiden Lotusblüten ... hm ... die haben eine Selbstverständlichkeit ... so wie das Licht der Sonne selbstverständlich ist ... da, wo die Sonne ist, ist halt auch Licht ... so sind auch diese beiden Lotusblüten da ...

Und die Makaras? ... Hm ... die haben so eine elegante Schönheit ...

Ja, dieser Vajra ist auch aus so einem drittel-durchsichtigen Licht ... er ist ganz farbig ...

Die Blüten sind gelb, weiß und ... der Ansatz ist ... ich hab' das Gefühl, der Unterteil der Blüten müßte grün sein, aber ... irgendwie sind sie das nicht ... hm ... ich kann die Farbe nicht so richtig erkennen ...

Die beiden Strahlen sind weiß ... ein ganz gleißendes Weiß ... die sind wie Laserstrahlen ...

Und die Makaras? ... hm ... das ist ein Licht, das ein bißchen wie Perlmutt ist – das schillert so ... so milchig-weiß, aber überall sind Farbschimmer drin – grüne und graue und blaue und ... ja, gelb und rot ganz wenig, aber auch ...

Die Stabilität von diesem Vajra ist beeindruckend, also ... die kann man richtig sehen ...

„Geh' mal hinein.“

Hm ... ich gehe in die Kugel ... ... die Intensität ist sehr hoch ... das ist so'n selbstverständliches da-Sein ...

Ich gehe in die untere Blüte ... das ist Drang, ganz massiver Drang, Expansionsdrang ... der ist noch anders als der Strahl, der Strahl bleibt einsgerichtet, der Lotus ist ... der expandiert, der differenziert sich, der ... gestaltet sich aus, der ... entfaltet sich ...

Und die Makaras? ... Da ... da wird der Impuls konkret ... da gibt es die Entscheidung für eine bestimmte Form ...

Und die Rüssel ... oder Zungen der Makaras? ... Der Punkt, an dem sie den Strahl berühren ist intensivste Wahrnehmung ...

Hm ... ich trete aus dem Vajra raus, geh' noch mal in die Kugel und gehe nach oben ... da ist dem Lotus wieder dieser Entfaltungsimpuls ... in den Makaras konkretisiert sich das wieder ... und an den Enden der Zungen oder Rüssel ist wieder die Wahrnehmung ... aber unten (der untere Teil des aufrecht stehenden Vajras) *fühlt sich das körperlich-materiell an und hier oben ... ja, weit und ... ja, geistig oder gemeinschaftlich ... ja, das entspricht ja eigentlich ziemlich gut meinem Verständnis von den Chakren ...*

Ich trete da wieder raus.

„Kannst Du mir etwas zu dem Vajra sagen, Buddha?“

...

„Du hast ihn zutreffend beschrieben: In der Mitte ruhst Du in dem, was ist – im Nirvana; in den beiden Strahlen ist der Schöpfungsimpuls, der das Samsara erschafft; ... aber wenn Du Dir der Kugel in der Mitte bewußt bist, dann kannst Du im Samsara tanzen ohne darin verloren zu gehen.“

...

„Hm ... ist das der Zustand den man 'ein Yogi, der nicht mehr üben muß' nennt?“

„Ja – das ist das, was Du vorhin auf Deiner Traumreise gesehen hast, als Du durch die Tür zu dem Vajra gereist bist – das durchsichtige Bild: das durchsichtige Bild ist das Nirvana, und die Welt, die Du gesehen hast, das zweite Bild, das ist das Samsara

– und Du kannst in beiden gleichzeitig sein."

"Hm, ja ... so wie das im Herzsutra heißt: 'Leere (Nirvana) *ist Form* (Samsara) *und Form ist Leere.' ... Ja, und so heißt es auch in der Kabbala: 'Kether* (Gott) *ist Malkuth* (Welt) *und Malkuth ist Kether, nur auf eine andere Weise.' ... Ja, Gott ist die Innenseite* (Bewußtsein) *der Welt* (Materie), *und die Welt ist Gottes Körper. ... Hm ... und der Vajra? ... Der stellt die sinnvolle Haltung in der Welt dar?"*

"Ja. ... Daher ist Deine Idee, Dir den Vajra in Dir selber vorzustellen bzw. in anderen zu imaginieren, durchaus sinnvoll."

"Hm ... gibt es das eigentlich schon in irgendeiner Tradition oder Meditations-Richtung?"

"Die Idee hat es schon gegeben, aber die hat sich nirgendwo breitgemacht."

...

"Hm ... ich finde, sie ist sehr wirkungsvoll."
"Ja, die Idee ist ja auch gut."

...

"Hm ... gibt es dazu noch etwas, was Du mir sagen oder zeigen möchtest, Buddha?"

...

"Für heute ist es genug."
"Danke, Buddha."
"Bitteschön."
Ich kehre zurück.
"Ho!"

V 7.   Traumreise zu Naropa

Ich habe die Traumreise zu dem Yogi Naropa ausgewählt, weil ich von ihm schon des öfteren Rat und Hilfe erhalten habe.

Ich gehe zu Naropa ... zu diesem Platz mit dem Baum, unter dem ich ihn schon öfter getroffen habe ...
"Naropa?"

...

Er hört mich, aber reagiert nicht so richtig ...
"Ähm ... ich bin hergekommen, um Dich zu fragen, ob Du mir in Bezug auf den Vajra irgendetwas sagen oder zeigen kannst."

...

"Du solltest vor allem meditieren. Setz' Dich hin und führ' Deine Meditation durch.

Mach' diese Vajra-Übung. Das ist für Dich eine gute Vorbereitung für die Kundalini. Mit meinen vorbereitenden Übungen (für die Kundalini-Erweckung) bist Du ja nicht so gut klargekommen – jetzt hast Du da Deine eigene Übung gefunden. Das ist gut so. "

„Hm ... danke. ... Ähm ... gibt es dazu gerade noch irgendetwas zu sagen? "
„Nein ... setz' Dich hin und meditiere ... am besten häufig – dann wirkt es besser. "
„O.k. ... danke, Naropa. "
Er nickt.
Dann kehre ich zurück
„Ho! "

Naropa bezieht sich auf seine Kundalini-Vorübung, die daraus besteht, sich den zentralen Lebenskraftkanal (Sushumna), der die sieben Chakren verbindet, als eine Röhre vorzustellen, die sich abwechselnd bis über das Sonnensystem hinaus ausweitet und dann wieder auf den Durchmesser eines Haares zusammenzieht.

V 8.   Traumreise zu Milarepa (und zu Padmasambhava)

Hm ... dann werde ich jetzt schauen, ob ich ... ja, was von Milarepa erfahren kann. Den habe ich ja noch nie in einer Traumreise besucht.
...
„Milarepa? "
„Ja? "
...
Ich sehe Milarepa in der Zeit, als er die Lehren seines Lehrers Marpa befolgt hat und in den Bergen in einer Höhle meditiert hat.
Ich gehe da hin und setze mich vor ihn hin.
„Ich würde gerne den Vajra besser verstehen. "
„Den Vajra? Dann frag' Padmasambhava. "
„Hm ... ich soll jetzt zu Padmasambhava gehen? "
„Wenn Du den Vajra verstehen willst, ja. "
„Ehm ... ja, gut ... danke. "
...
Dann wünsche ich mich jetzt mal so ungefähr zweihundertfünfzig Jahre zurück zu Padmasambhava.
... ...
Er hat dunkle Haare ... einen dunklen, kurzen Bart ... also einen kurzgeschnittenen Bart ...

Ein tiefer Seufzer ...

Er macht viel stärker den Eindruck eines Magiers als das bei Naropa und Milarepa ist, obwohl die beiden ja auch genügend Wunder vollbracht haben. ... Ja, aber Padmasambhava wirkt wie ein buddhistischer Magier.

...

„Padmasambhava?"

„Ja?"

„Ich möchte den Vajra noch besser verstehen. Milarepa hat mich zu Dir geschickt."

„Hm ... und was möchtest Du verstehen?"

„Ehm ... ja ... zwei Dinge: Ich würde gerne wissen – wenn es etwas gibt, was für die Allgemeinheit hilfreich zu wissen ist, würde ich das gerne in mein Buch schreiben; und wenn es etwas gibt, was für mich persönlich wichtig ist, würde ich das auch gerne wissen – diese beiden Dinge."

...

Padmasambhava zeigt mir etwas. ... Ah ... wenn man den Vajra verstehen will, soll man die Augen schließen und sich in sich selber einen Vajra aus Licht vorstellen. ...

„Und dann?"

... ...

Der Vajra wird ungefähr so groß wie ich selber, wenn ich im Lotussitz sitze ... ein bißchen größer ... das ist, als würde ich all seine Details anschauen ... ich kann die einzelnen Blütenblätter der Lotusblätter genau erkennen ... und den Stoßzahn des Elefanten-Makara ... ...

„Schaue Dir den Vajra so an, wie Du eine Mandala-Meditation machen würdest – daß Du Dir alle Teile imaginierst und anschaust ... und spürst und fühlst."

...

„Damit der lebendig wird, der Vajra?"

„Ja. ... So erschaffst Du ein Gefäß ... dann kann das, was der Vajra darstellt, mit größerer Intensität in dem Gefäß sein. Das Bild, das Du innerlich erschaffst ... ist das Gefäß ... für das, was der Vajra darstellt."

...

Ich muß vor Freude leise vor mich hin lachen ...

„Sag', Padmasambhava, da entsteht ja so was ... wie eine Liebe zu dem Vajra!"

„Ja – das ist die Liebe zum Leben. ... Vielleicht würdest Du auch sagen, die Liebe zu Gott."

... ...

„Einfach, weil der Vajra anfängt, lebendig zu werden – durch das Imaginieren und durch das Schauen?"

„Ja. Das Leben in Dir erkennt das Leben draußen – und wenn das Leben draußen seine ursprüngliche Gestalt hat, so wie sie durch den Vajra ausgedrückt wird, dann entsteht Liebe in Dir (zu dem Vajra). Das ist letztlich die Selbstliebe des Lebens."

...

„Hm ... das hab' ich so wirklich noch nie gehört oder gedacht ... aber ich kann es fühlen."

... ...

„Es zieht mich in den Vajra ... oder etwas in mir zieht den Vajra zu mir ..."

„Das ist das, was Liebe macht ... das ist so."

...

Der Vajra ist jetzt in mir – die Kugel bei meinem Herzchakra ... die beiden Blüten beim Sonnengeflecht und beim Halschakra ... die Köpfe der Makaras beim Hara und Dritten Auge ... und die Rüsselspitzen bzw. Zungenspitzen beim Wurzelchakra und Scheitelchakra ... der Strahl ragt nach oben und unten über mich hinaus ... das ist genau wie in der Meditation, die ich nach und nach gefunden habe.

„Das hast Du gut gefunden."

... ...

... ...

... ...

Padmasambhava: „Was fühlst Du?"

„Ich fühle einerseits den Vajra in mir ... und da kann ich fühlen: 'So ist es richtig.' ... und dann sind da noch eine Menge Gefühle und Verhaltensgewohnheiten in meiner Psyche wie ... ein bißchen zu viel alleine sein und ... ja, daß ich mich oft ein bißchen zu sehr zurückhalte, und ... zu vorsichtig bin und, ja ... all so'n Kram, wo ich merke 'Ne, das ist eigentlich nicht richtig.' ... Was ... ist da sinnvoll zu tun?"

...

„Streng Dich nicht an ... schau Dir einfach den Vajra an ... fühl in ihn hinein ... spür ihn."

... ...

Ein Seufzer ...

Ich merke, daß meine drei unteren Chakren bei weitem nicht so aktiv sind wie die drei oberen ... das ist nicht gerade eine neue Erkenntnis, aber das ist gerade mal wieder deutlich ... ... da müßte mehr passieren!

„Ja, das wäre gut."

...

„Wie geht das?"

... ...

Ich lausche, aber Padmasambhava sagt gerade nichts ... das ist, als ob ich das spüren sollte, wie das geht ... hm ... ich soll die drei unteren Chakren fragen, ob sie den Vajra sehen können ... das Sonnengeflecht kann das – das fängt an, heiß zu werden ... das Hara ... ... das hat sich ein bißchen abgestellt ... Wenn sich das wieder anstellen würde?

Ein sehr, sehr tiefer Seufzer ...

...

*Dann würde Vertrauen entstehen ... ja ... und meine Ausstrahlung würde sich än-
dern ... ich würde Raum einnehmen ... so wie die vier Makaras ...*

*Das Wurzelchakra? ... Das findet das alles gut, das braucht nicht extra was – wenn
die beiden anderen, das Sonnengeflecht und das Hara, wieder lebendiger sind, dann
kommt das von alleine mit ...*

„*Hm ... Danke, Padmasambhava!*“

„*Bitte.*“

„*Hm ... da ist noch etwas, oder?*“

„*Ja.*“

„*Hm ... was ist das? ... Feuer? ... ... der Vajra ist in mir ...*“

... ...

Ein kleiner Seufzer ...

„*Hm ...*“

... ...

... ...

... ...

„*Hm ... Padmasambhava ... was ist mit dem Feuer? ... Bin ich da noch nicht so
ganz bereit?*“

„*Ja, das ist es.*“

„*Ist das Feuer die Kundalini?*

„*Ja.*“

„*Ändert sich der Vajra noch mal, wenn die Kundalini fließt?*“

„*Er ändert sich nicht, aber er bekommt eine andere Bedeutung.*“

„*Hm ... ich vermute mal, daß ich die jetzt nicht erklärt bekomme, sondern irgend-
wann einmal entdecken ... darf, soll, muß? ... Also, daß die eigene Erfahrung nötig
ist?*“

„*Das ist immer das Sinnvollste, ja.*“

„*Ja, gut ...*“

„*Gibt es noch etwas, was Du mir dazu sagen kannst oder magst?*“

„*Das ist erst einmal genug. Mit dem, was Du jetzt weißt, und was Du schon ent-
deckt hast, hast Du auf jeden Fall eine effektive Meditation.*“

„*Danke. ... Danke, Padmasambhava – und auch Dir, Milarepa, daß Du mich hierher geschickt hast!*“

„*Bitte.*“ *(sagen beide)*

Ich kehre zurück.

„*Ho!*“

Die Wahrnehmung des Vajras entsprach der Art der Wahrnehmung, die man hat,
wenn man sich seiner Seele annähert: die Dinge leuchten von innen her, die Konturen

sind extrem scharf und die Formen verändert sich in einem langsamen Fluß. Diese Art der Wahrnehmung kann man auch in Berichten über LSD-Erfahrungen finden und in Bildern sehen, die unter dem Einfluß von LSD gemalt worden sind. Um in diesen Bereich zu gelangen, sind aber keine Drogen notwendig – Meditation reicht dafür völlig aus.

V 9. Traumreise zu Vajrayogini

Diese Traumreise habe ich anfangs nicht eingeplant gehabt; sie ist erst später dazugenommen – sie kam mir als Idee beim Aufwachen am Morgen. Mal schauen …

„Vajrayogini, möchtest Du mir noch etwas zum Vajra erzählen oder mir zeigen?"
„Warum willst Du das?"
…
„Ich möchte ihn besser für meine Meditation verstehen."
„Und warum willst Du das?"
…
„Ehm … weil ich lebendiger sein will? … Weil ich das, was ich bin, voller leben will – nicht so begrenzt und mit Einengungen? … Ja."
…
„Und warum willst Du dafür den Vajra benutzen?"
„Ehm … ich hatte den Eindruck, daß der Vajra eine Form der inneren Stabilität darstellt, an der es mir manchmal ein bißchen fehlt, und auch … ich sag mal, an Ausgewogenheit … daß in allen sieben Chakren gleichviel Lebenskraft ist …"
„Und Du meinst, wenn Du die Ausgewogenheit hast und die Stabilität, dann lebst Du voller?"
„Ja … ?"
„Und warum lebst Du nicht einfach?"
„Ehm … warum ich nicht einfach lebe?"
„Ja – warum Du tust Du nicht das, was Du tun willst?"
…
„Ehm … also, das bezieht sich oft auf andere Menschen und wenn die z.B. mich nicht sehen wollen, aber ich will sie sehen … dann geht das ja nicht …"
„Und wenn Du hinter diesen Wunsch schaust – was siehst Du da?"
„Hinter den Wunsch – z.B. diese Menschen zu sehen? … Ehm … das ist dies Gefühl von Richtigkeit, also … wenn man jemandem begegnet und man hat das Gefühl, man erkennt ihn wieder und der andere erlebt das auch so … da ist dann der Wunsch in mir, in irgendeiner Form eine Freundschaft oder was auch immer zu diesem

Menschen zu haben."

„Und das willst Du mit dem Vajra erreichen?"

„Ehm ... eigentlich ... möchte ich einen Frieden damit erreichen, also ... so habe ich öfters das Gefühl, gegen Wände zu laufen ..."

„Und Du meist, wenn der Vajra in Dir da ist, rennst Du nicht mehr gegen Wände?"

„Ehm ... ich hoffe, daß ich dann etwas klarer sehe, wo mein Weg ist und wo die Wand ist."

„Hm ... warum schaust Du nicht einfach, was vor Dir ist?"

...

„Ehm ... ... wie mach' ich das?"

„Schauen?"

...

„Ja ... Du meinst ... das ganze Bild sehen? Nicht nur z.B. die Erkenntnis von Vertrautheit mit jemandem, sondern auch, was ich jetzt will und was der andere jetzt will, und dann auch zu sehen, das geht jetzt, oder das eine geht und das andere geht nicht, oder es geht halt garnichts?"

...

„Ja ..."

„Hm ... also ... schauen, was da ist?"

„Ja ..."

„Hm ... ja ... das reicht?"

„Nein."

„Was fehlt?"

„Selbstausdruck."

„Hm ... wenn ich sehe, wie deutlich Du mich darauf hinweist, daß ich genau das sehe, was da ist, dann sollte der Selbstausdruck wohl genauso direkt und hemmungslos sein – stimmt das?"

„Ja."

...

„Es hat keinen Sinn, die Augen vor der Realität zu verschließen, vor dem, was da ist – sowohl draußen wie drinnen ... und es hat keinen Sinn, die Impulse zu bremsen, die da sind. ... Ehm ... das kann ich ja schon verstehen ... aber ... ich kann ja mit meinen Impulsen nicht immer das umsetzen, was ich will, manchmal ... wollen Menschen halt was Verschiedenes ..."

„Wenn's nicht um Menschen geht, bist Du sehr findig. Du sagst Doch selber, wenn's um konkrete Dinge geht, um irgendwelche Lebensumstände, kriegst Du eigentlich so gut wie alles hin ... warum nicht mit Menschen?"

„Warum ... fragst Du mich das? ... Das hab ich mich doch selber doch schon oft gefragt ..."

„Und – warum ist das so?"

...
Ein tiefer Seufzer ...
„ Weil ich da nicht beweglich bin ... "
„ Und warum bist Du da nicht beweglich? "
... ...
„Hm ... weil ich denke, daß ich das, was ich mit einem Menschen erleben kann, kann ich nicht auch mit einem anderen erleben ... "
„Stimmt das? "
„Naja ... bei acht Millarden Menschen werde ich das wohl kaum so behaupten können ... es gibt zwar keine zwei gleichen Menschen, aber es könnte sehr ähnlich sein ... ... "
„ Und warum ... bist Du dann nicht beweglicher? "
„Hm ... mangelnde Eigenständigkeit? "
„So könnte man es nennen, ja. "
„ Und was hilft da? "
„ Was glaubst Du? "
„Naja, Eigenständigkeit ... aber ... wie komm ich da dran? "
„Nun – hast Du nicht gedacht, daß der Vajra Dir genau dabei hilft? "
„Hm – habe ich ... aber Du hast jetzt so viele Fragen gestellt ... "
„ Und was haben die Fragen bewirkt? "
...
„Ich sehe etwas genauer ... was ich eigentlich gerade ändern möchte ... und daß ich versuche, das mithilfe der Vajra-Meditation zu ändern. "
„Hältst Du das für sinnvoll? "
...
„Ich probier's aus. ... Hm, ist das jetzt wieder das Prinzip 'sehen, was ist' und das geht nur, wenn ich hinschaue – in dem Fall ... also ausprobiere? "
„So ist es. "
„Hm ... "
... ...
... ...
... ...
„Hm ... also gut, ich habe jetzt ein bißchen mehr Klarheit ... oder ... ich hab's ein bißchen präziser formuliert, was ich eigentlich will ... "
„ Und Du willst noch mehr, nicht wahr? "
„Ja, irgendwie schon ... "
„ Und was ist das? "
„Das versuch ich gerade zu formulieren ... ich glaube, es ist ein bißchen wie so'n Zauber – wenn ich den habe und ausspreche, dann geht 'ne Tür auf und dann wird alles besser und einfacher und es ist 'ne größere Fülle da und ich hab mehr Freund-

schaften und eine Beziehung und, ja, irgendwie geht die Sonne auf, ne?"

„Hm – Du scheinst diese Tür ja sehr genau zu sehen."

„Ja ... die hab ich vorher so noch nie gesehen, aber durch Deine Fragen seh ich gerade, was ich eigentlich will: Ich will durch diese Tür gehen."

...

„Von der hast Du auch schon als Kind geträumt: Da bist Du aus Deinem Körper rausgegangen, in den Sternenhimmel geflogen und dann auf die Apfelbaum-Wiese gekommen ..."

„Ja ... das ist ... ganz ähnlich, ja ... und auf dieser Apfelbaum-Wiese, da ging es mir gut ... da bin ich dann umhergelaufen und hab gespielt ... das hab ich ganz oft gemacht ..."

„Hm ... und Du möchtest also einen Zauber haben, mit dem Du durch diese Tür kommst ..."

...

„Ja ... ja ... das fänd' ich so richtig gut ..."

„Und Du hast gedacht, der Vajra könnte Dir diese Tür öffnen ..."

„Hm ... sieht so aus ... als ob ich das gedacht hätte, oder?, als ob das dabei in mir gewesen wäre, ohne daß ich das wirklich gewußt hätte ... aber, ja ... da hast Du recht."

„Und was meinst Du – eignet sich der Vajra als Schlüssel für dieses Tor zum Paradies?"

...

Ein tiefer, aber leicht abgebremster Seufzer ...

...

„Sagen wir mal so: Es ist der bestmögliche Schlüssel, der mir bisher begegnet ist ..."

„O.k. ... und – funktioniert er?"

„Hm ... bislang hat sich die Tür noch nicht geöffnet ..."

„Hast Du versucht, ihn als Schlüssel für diese Tür zu benutzen?"

„Naja, bis gerade eben hab ich ja noch nicht mal gewußt, daß ich den Schlüssel für diese Tür suche ... Das ist schon ... das Jenseitstor, nicht wahr? ... das Tor zum Reich der Seelen ... das, wo ich hinkomme, wenn ich sterbe, und das, wo ich hinkomme, wenn ich zu meiner Seele gehe – stimmt das?"

„Das ist so richtig, ja."

...

„Dann müßte der Vajra als Schlüssel doch funktionieren."

...

„Meinst Du, es gibt da einfach ein Tor, und wenn Du den Schlüssel in der Hand hältst, dann kannst Du da durch?"

...

„Ja, ich seh schon – der Schlüssel kann durch das Tor (weil er die 'Seelenreich-Qualität' hat), *aber ich bin nicht der Schlüssel.*"

„Also?"

„Ehm ... meinst Du, ich kann durch das Tor, wenn ich zum Schlüssel werde, also wenn ich zum Vajra werde?"

...

„Was meinst Du?"

„Naja, wenn der Vajra da durch kann und wenn ich wie der Vajra werde, dann müßte ich ja auch durch dieses Tor gehen können."

...

Ein tiefer Seufzer ...

„Und? Was hast Du bisher mit dem Vajra-Werden erlebt?"

„Da kommt diese Freude, dies Strahlen ... ein innerer Halt ... ... ja, und ich hab das Gefühl ... das könnte stabiler werden und ... wie soll ich sagen ... sich auf mich als Ganzes ausweiten ... diese Freude ist da, aber ... es ist noch keine stabile Schwingung geworden ..."

„Hm – und was meinst Du, was da hilft?"

„Wenn ich das richtig sehe, daß da eine stabile Schwingung entstehen müßte, die sich sozusagen selber stabilisiert ... dann müßte ich wohl einfach üben ... das ist dann ein bißchen so, wie wenn man eine Glasscheibe hat und Ruß draufstreut und dann diese Scheibe mit dem Geigenbogen anstreicht, dann fängt die an zu vibrieren und dann bilden sich Muster in dem Ruß ..."

„Ja ... also – was willst Du tun?"

„Hm ... die Vajra-Meditation üben, damit ich diese Qualität bekomme und dann durch dieses Tor gehen kann in diesen Zustand – in diesen 'Sonnenaufgang' ... hm, Du hast irgendwie die Kunst, durch Fragen Antworten zu geben ..."

„Ja."

...

„Wie Sokrates."

„Ja."

„Für Sokrates war seine Frau, die Xanthippe, die Dakini (so wie Vajrayogini gerade eine Dakini für mich ist). *Hm ... ... ja ... dann will ich das jetzt ... ja ... üben ... häufig ... und dann zu diesem Vajra werden und dann durch die Tür gehen ... sag – reicht das so? ... Muß ich irgendwas mit meinen alten Mustern tun?"*

...

„Was meinst Du?"

„Hm – Du bleibst bei der Sokrates-Methode (d.h. klärende Fragen stellen)?"

„Ich bin ich. Ich handle so, wie ich handle."

„O.k. ... klingt sehr nach Vajra ... hm, also ... was ich denke? ... Also, ich denke, daß ich, wenn ich das mache, werde ich erst einmal ziemlich hin- und herfallen: in

den Vajra-Zustand, in die alten Muster, in den Vajra-Zustand, in die alten Muster ...
usw. ... "

„ Und? "

„Hm ... muß ich mit den Mustern was tun? "

„Was würdest Du jemand anderem raten? "

„Freundlich zu ihnen zu sein – zu den Mustern ... sie in den Arm zu nehmen ... das
hilft eigentlich immer ... "

„Was würdest Du einem anderen sagen, wenn er Dir die Frage nach dem Vajra und
den Mustern stellt? "

„Hm ... also ... auf das schauen, wovon er weiß, daß er das ist, oder was das ist,
was ihn zu sich bringt ... also über den Vajra meditieren ... freundlich ... liebevoll ...
also im Grunde so, wie man seine Seele anblickt – da kann man ja garnicht anderes
als voller Liebe zu sein ... und daß er genauso freundlich auf alle seine Muster
schaut, wenn die auftauchen ... daß er die nicht wegmachen will, sondern daß er die
in den Arm nimmt ... und daß das Vajra ihm die Stabilität und das Fundament geben
kann, das er braucht, um sich von alten Gefühlen nicht überschwemmen zu lassen
... "

„ Und – meinst Du, Du kannst das auch auf Dich anwenden? "

„Hm ... ja ... ja ... eigentlich schon, ja ... wahrscheinlich nicht einfach, aber ich
kenn das ja schon ... ... hm ... "

„ Und – weißt Du jetzt alles, was Du wissen willst? "

...

„Ja, ich glaub, ich weiß jetzt so viel, wie ich brauche ... hm ... jetzt hab ich mir die
Antwort gegeben, die mir sonst oft die Götter am Ende einer Traumreise geben ('Es
reicht für heute.').

Danke für Deine Fragen, Vajrayogini! "

„Danke für Deine Antworten. "

„Ehm – irgendwie stellst Du alles auf den Kopf ... "

„Ich helfe Dir, eigenständig zu sein – das ist alles. "

„Dann stehe ich jetzt also richtig herum – eigentlich ... "

„Genau. Ich stelle Dich auf den Kopf, weil Du vorher schon auf dem Kopf gestan-
den hast – jetzt stehst Du wieder auf den Füßen. "

„Hm ... Du hast mich richtigrum gedreht? "

„So könnte man's sagen. "

„Hm ... das ist eine nette Umschreibung für 'Inspiration'. "

„Ja. "

...

„ Vielen Dank, Vajrayogini! "

„Bitteschön ... und wenn Du Fragen hast, sag Bescheid! "

„Danke ... ja, dann sag ich mal 'Bis dann'! "

„Bis dann!"
„Ciao!"
Ich kehre zurück.
„Ho!"

V 10.   Zusammenfassung

Abgesehen von den vielen neuen Gefühls-Facetten für den Vajra, die zumindestens in mir bei diesen Traumreisen entstanden sind, finden sich in diesen Traumreisen einige zusätzliche Informationen, die teilweise allerdings auch in der traditionellen Überlieferung zu finden sind.

Der Vajra hat eine „absolute Intensität" – er ist oder er ist nicht. In seiner Wirkungsweise ist er kurz und plötzlich wie ein Blitz und einsgerichtet wie ein Laserstrahl. Dadurch ist seine Wirkung sehr groß.

Die Kugel des Vajras ist seine Quelle; die beiden Lotusblüten sind seine Entfaltung; die beiden Strahlen sind seine Laserstrahl-gleiche Expansion; die Makaras sind die Ausgestaltung der konkreten Form; und die Zungen/Rüssel sind die intensive Wahrnehmung.

Die Teile des Vajras entsprechen den Chakren: Kugel = Herzchakra; Blüten = Sonnengeflecht und Halschakra; Makaras = Hara und Drittes Auge; Zungen/Rüssel = Wurzelchakra und Scheitelchakra.

Es ist in der Meditation sinnvoll, möglichst lebhaft einen Vajra aus Licht zu imaginieren und dann die Qualität des Vajras anzunehmen.

In der Vajra-Haltung ist man sich gleichzeitig des Nirvanas (Einheit der Welt) und des Samsaras (Vielfalt der Welt) bewußt. Dadurch gibt der Vajra Stabilität und einen Halt.

Üben.

Die Darstellung von Teilen des Blitzbündels, auf den der Vajra zurückgeht, als Pflanzenranken hat keine tiefere Bedeutung, sondern ist hauptsächlich eine naheliegende graphische Spielerei.

Ich bin mir nicht sicher, ob diese Interpretation schon alle Aspekte der „Ranken-Ornamente" enthält.

VI Der Vajra als Gleichnis der sieben Chakren

Der Vajra ist keine Darstellung der sieben Chakren. Dem Vajra, dem Chakrensystem, dem Aufbau des Umraums der Sonne (Sonne, Sonnenwind, Stoßfront, Bugwelle) und vielen anderen Systemen liegt jedoch dieselbe Struktur zugrunde, die aus einem Ursprung und drei Entwicklungsschritten besteht:

-. Ursprung, Quelle
1. Schritt: Expansion
2. Schritt: Strukturierung
3. Schritt: Handlung im Augenblick

Dieses Prinzip findet sich z.B. auch bei jeder Unternehmensgründung: Der Gründer (Quelle) geht mit viel Elan an den Aufbau des Unternehmens (1. Schritt), beginnt dann Formen und Regeln festzulegen, die das Funktionieren des Unternehmens absichern (2. Schritt) und handelt dann in jedem Augenblick so, wie es die Situation erfordert (3. Schritt).

Auch jede Begegnung mit einem anderen Menschen hat diese Dynamik: Ein Mensch (Quelle) trifft einen anderen und freut sich über diese Bereicherung und sieht die große Vielfalt der Möglichkeiten (1. Schritt), danach beginnt die Begegnung Form und Rhythmus anzunehmen (2. Schritt) und schließlich wissen beide, was in welcher Situation für sie förderlich ist (3. Schritt).

Dieses Strukturprinzip findet sich z.B. auch im kabbalistischen Lebensbaum.

Ein ähnliches, aber nicht gleiches Prinzip ist die Vorstellung von zwei Gegensätzen, die einen Rhythmus entstehen lassen wie er sich im Taoismus findet (Yin und Yang), aber auch in Hegels „These – Antithese – Synthese" oder in der Dreigliederung von Rudolf Steiner.

Da das Vajra die heile Idealform dieser Drei-Schritte-Entwicklung ist, kann man dieses Symbol auch dafür benutzen, um das Chakrensystem, das auf dieselbe Weise aufgebaut ist, dazu anzuregen, zu seinem natürlichen, ausgeglichenen und lebendigen Zustand zurückzukehren.

Dabei ist ein Verständnis dieser Drei-Schritte-Dynamik zwar hilfreich, aber nicht unbedingt notwendig, da der Vajra diese harmonische Qualität unabhängig vom Betrachter in sich trägt.

Ein weitere Hilfe liegt darin begründet, daß das Vajra und sein Vorläufer (das Blitzbündel) schon seit ca. 10.000 Jahren in Gebrauch sind und mit mehr als einem guten Dutzend Gottheiten assoziiert worden ist (die buddhistischen Götter noch nicht miteingerechnet), was diesem Symbol eine große Kraft und einen großen „Resonanzraum" verleiht.

VII Der Vajra in Meditationen und Heilungen

Die Meditation, die ich nach und nach entwickelt habe und die in ähnliche Form anscheinend auch schon von dem Yogi Dadhichi (siehe Kapitel „IV 3. e)") benutzt worden ist, kann man stufenweise aufbauen. Wenn man mit einem Element vertraut geworden ist, kann man das nächste Element hinzunehmen.

Ich habe diese Meditation bisher als sehr effektiv erlebt – sowohl in meinen eigenen Meditationen als auch bei Beratungen, wenn z.B. jemand in Panik geraten ist oder keinerlei Halt mehr in seinem Hara gehabt hat. In der Meditation imaginiere ich den Vajra in mir, bei Beratungen und ähnlichem in dem Ratsuchenden.

Daß diese Meditation in der unten dargestellten Form effektiv ist, heißt natürlich nicht, daß sie nur so richtig ist – ich habe sie ja auch selber erst nach und nach entwickelt und werde sie vermutlich auch in nächster Zeit noch weiterentwickeln. In der angeführten Traumreise hat zudem Padmasambhava gesagt, daß sich mein Verständnis des Vajra noch einmal ändern wird, wenn die Kundalini in mir (und im Vajra) zu fließen beginnt. Es ist also recht sicher, daß es noch Weiterentwicklungs-Potential für diese Meditation gibt.

Daher sollte jeder, der sie benutzt, schauen, wie ihm die Meditation bekommt, und sie entsprechend seinen eigenen Erfahrungen, kürzen, ergänzen oder umändern oder auch einfach nur einzelne Teile für eine Meditation benutzen.

1. Stufe

Der Anfang dieser Meditation ist sehr schlicht: Man setzt sich bequem hin und atmet ruhig und richtet dabei die Aufmerksamkeit auf das eigene Herzchakra in der Mitte der Brust. Dabei braucht man nichts anzustreben oder zu „machen" – es reicht, mit der eigenen Aufmerksamkeit „da zu sein".

2. Stufe

Diese einfache Meditation kann man durch eine Imagination, also durch das innere Vorstellen eines Bildes ergänzen: Beim Einatmen stellt man sich vor, Licht/Lebenskraft einzuatmen und zum Herzchakra zu leiten, und beim Ausatmen stellt man sich vor, daß dieses Licht bzw. diese Lebenskraft dort aufleuchtet.

3. Stufe

Als nächstes kann man nun ein Mantra hinzunehmen: Beim Einatmen spricht man innerlich entweder den Namen der eigenen Seele, eine Bezeichnung für die eigene Seele (z.B. „meine Seele") oder den Namen einer Gottheit, der man vertraut (z.B. Buddha, Christus oder Isis); beim Ausatmen spricht man innerlich „Liebe" – das ist die wesentliche Qualität des Herzchakras.

4. Stufe

Nun beginnt die eigentliche Vajra-Meditation: Man stellt sich entweder zunächst vor sich oder gleich in sich selber einen großen Vajra aus Licht vor, den man möglichst klar und lebendig imaginiert. Dabei führt man die in den drei ersten Stufe beschriebene Meditation weiter – das ist nicht so schwierig, wie es zunächst vielleicht klingen mag.

5. Stufe

Wenn das Bild des Vajra einigermaßen klar und stabil geworden ist, holt man ihn in sich hinein – falls man ihn nicht gleich im eigenen Körper imaginiert hat. Dann legt man sozusagen die Teile des Vajras über die eigenen Chakren und betrachtet dann gleichzeitig die Teile des Vajras und die sieben Chakren im eigenen Körper.

Die Kugel ist das Herzchakra, die beiden Blüten sind das Sonnengeflecht und das Halschakra, die Makaras sind das Hara und das Dritte Auge, die Zungen oder Rüssel sind das Wurzelchakra und das Scheitelchakra, und die beiden Strahlen in der Mitte sind die Sushumna.

Die Größenverhältnisse der Teile des Vajras und die Lage der sieben Chakren im Körper stimmen ganz gut überein – bei Bedarf kann man aber z.B. die Größe der Kugel des Vajras verändern, sodaß sie dem gesamten Brustraum entspricht usw.

6. Stufe

Die nun folgende Stufe ist sehr schlicht und sehr angenehm und wirkungsvoll: Man verschmilzt die Teile des Vajras mit den ihnen entsprechenden Chakren. Dann sieht man zwar noch immer sowohl den Vajra als auch die Chakren, aber beides ist identisch miteinander.

Dieser Vorgang entspricht der Identifizierung mit einer Gottheit bei einer Invokation:

Zunächst beschreibt man die Gottheit und redet dabei in der Form „Sie ist …" (hier: man stellt sich den Vajra vor);

dann wendet man sich an die Gottheit und spricht in der Form „Du bist …" (hier: man setzt die Teile des Vajras mit den Chakren gleich);

und schließlich identifiziert man sich mit der Gottheit und spricht in der Form „Ich bin …" (hier: man verschmilzt die Teile des Vajras mit den sieben Chakren).

7. Stufe

In diesem Bild bleibt man nun eine Weile und atmet weiterhin mit dem Mantra in das Herzchakra, das nun zugleich auch die Kugel des Vajras ist, und spürt, was dabei geschieht, wie sich die in das Herzchakra geatmete Lebenskraft in den Chakren bzw. in dem Vajra ausbreitet. Dafür braucht man nichts zu tun – es genügt, das Strahlen der Lebenskraft im Herzchakra zu betrachten.

8. Stufe

Wenn das Bild der vorigen Stufe stabil geworden ist, kann man einen Lichtstrahl durch das Scheitelchakra nach oben zum Himmel senden – dieser Lichtstrahl ist die Verlängerung des oberen Strahles des Vajras. Er reicht nach oben bis zu Gott, bis zum Nirvana, bis zu Kether – wie immer man die Einheit der Welt auch nennen möchte.

Dann fließt diesen Strahl entlang Licht von oben in den eigenen Körper hinein – was in den indischen Upanishaden „die Himmelskuh melken" genannt wird.

Dieses Licht fließt dann weiter an dem unteren Strahl des Vajras entlang durch das Wurzelchakra bis in die Erdmitte hinab.

Dort weckt dieser (weiße) Strahl den eigenen inneren Drachen, den eigenen Anteil an dem Wurzelchakra der Erde. Dieses (rote) Erdfeuer steigt dann als Kundalini empor und strömt durch das Wurzelchakra in den Leib hinauf.

9. Stufe

Die zusätzliche Lebenskraft, die nun von oben und unten in den Körper strömt, beginnt in einer Konvektionsströmung zu fließen – wie ein Springbrunnen: Sie steigt als Strahl in der Mitte des Körpers in der Sushumna auf, entfaltet sich über dem Kopf wie eine Fontäne und tropft dann außen an der Aura wieder zum Wurzelchakra hinab, wo sie sich sammelt, um dann erneut aufzusteigen.

Diesen Vorgang sollte man einfach geschehen lassen und ihn nicht drängen oder antreiben.

10. Stufe

Nun bleibt man wieder so lange man möchte, in diesem Bild und atmet und imaginiert und genießt … zu diesem Zeitpunkt wird sich vermutlich auch schon die grundlose Freude eingestellt haben – Ananda.

11. Stufe

So wie es das Blitz-Symbol auf der Traumreise gesagt hat, kann man, wenn man will, vor der Meditation die eigene Kundalini einladen.

12. Stufe

Wenn man das Gefühl hat, daß die Meditation für die derzeitige Sitzung zuende ist, kann man einfach noch eine Weile in Stille dasitzen – es ist anschließend an diese Meditation recht einfach und auch recht angenehm, in die Gedankenstille zu gehen.

Diesen Teil der Meditation kann man natürlich auch schon bei früheren Stufen dieser Meditation dazunehmen.

13. Stufe

Diese Meditation kann entsprechend den eigenen Erlebnissen und Erkenntnissen jederzeit weiterentwickelt werden …